情緒低谷

陪你度過

用150個活動
增進青少年的自信心、溝通力和人際關係
親眼見證遊戲對一個人的協助、療癒和復健的力量

凱文・谷澤斯基 專業認證休閒治療專家 ◎ 著

梁若瑜 ◎ 譯

Contents

孩子並不是不願意分享，而是不知道如何分享

不知如何與自己的情緒共處

我本來想寫一本關於情緒教育的書，沒想到本書已經把我想教的都寫出來了！現代兒童與青年出現越來越多憂鬱、焦慮狀態，面對壓力、霸凌、複雜的網路人際關係，許多孩子產生隱而未現的諸多情緒，不自覺開始自殘、變得疏離、出現身心疾病等等，顯示孩子不知如何與自己的情緒共處。這本書提供10個情緒主題，150個活動練習，很適合用於家長訓練孩子、也適合用於成人進行自我訓練，更適合用於老師帶領班上同學一起加強情緒教育！

心理師、作家、講師　陳雪如Ashley

不只身體，情緒也需要復健

本書提供了融入生活、生命動感與生意盎然的實例活動，協助我們在青少年輔導與療癒實務中，可茲參考應用的輔助方案。內涵上環繞以情緒復健與賦能為焦點的思考，觸及自我的身心調適（正念、自我評價、溝通技巧、壓力管理）、深層情緒調適（憤怒、焦慮、憂鬱），以及事件應對與社會康健（霸凌、創傷、哀悼）等重要面向；實用、切要，且令人耳目一新，構思上徜徉、貼近於與青少年有意義的真實會心。收拾起說教形式的教育，或暫離密集言談形式的輔導或治療姿態，「休閒治療」透過創意藝術、遊戲、運動和技能提升活動等，提供參與的主體，在生理與行為／行動、情緒、認知、與社會技能、靈性開展等功能，能獲得滋養與全人整合的發展。本書匯集作者沉潛於休閒治療師專業實踐二十多年之慧見，傾囊授予實務歷程的操作指引，值得珍藏、參採、應用與反思。

清華大學教育心理與諮商學系　教授兼系主任　許育光 博士

引導青少年說出內心話

　　不知道有多少大人，在面對青少年孩子的情緒狀況時，想跟他們聊，但卻感到很挫折？因拋出來的問題得到的回答大部分都是「還好」「不知道」，讓人不知該怎麼與他們對話。但有時候會發現，其實孩子並不是不願意分享，而是不知道如何分享。《陪你度過情緒低谷》這本書像是一本教練手冊，藉由看似簡單的活動設計，帶領孩子在活動中感受自己的情緒，誠實面對自己，甚至分享自己的感受，非常推薦給父母或是帶領青少年團體的老師們！

繪本作家　龐雅文

協助孩子理解並妥善處理自己情緒

　　網路時代的青少年更沉默、更憂鬱，某些認知思辨能力看似飛速早熟，但自我覺察及人際連結力卻大幅退化，感知情緒的敏銳度大幅下降，處理人際關係的技巧鈍拙，面對挫折普遍缺乏韌性。然而人是群居性生物，與人產生連結是恆常不變的渴望，因之現今青少年非常需要一套好的工具，來幫助他們理解並妥善處理自己情緒。我非常推薦這本書的原因是，青少年正處在不願聽訓、難以教化的階段，本書提供多達150個活動，都極有趣味性，能讓青少年不帶防衛地領受應對負面情緒的覺知與技巧，且本書清晰有條理，真是很棒的工具書，我大力推薦給青少年父母、老師或是青少年本身。

親子作家　彭菊仙

一起用更合適的方式幫助青少年

接受它：每個人都有情緒低落的時候！

面對它：15至24歲自殺通報從2016年4365人增至2020年10659人次（監察院2021年8月18日通過報告）。

處理它：期待青少年的師長，不以「草莓族、抗壓性不足」等負向評價的態度對待他們，而是採用更適合青少年或更能讓青少年接受的方式協助他們。

政治大學／東吳大學心理系兼任副教授　修慧蘭

搭建青少年認識世界與自己的橋梁

懵懵懂懂是青少年階段的獨特感受，還在學習認識自己、認識世界、認識自己在這世界中的角色，而這本書很好地提供了專業人員與青少年間的橋梁，讓我們用輕鬆有趣的活動深入孩子的內心世界，協助他們面對生活中的困難與挑戰。

發瘋心理師　鄧善庭

（依來稿順序排列）

讓孩子願意敞開心扉

本書包含了150項精彩的活動，可以幫助青少年敞開心扉面對憤怒、壓力、憂鬱和焦慮等困難情緒，並教會他們如何以健康的方式調節自己的情緒。這是一本很有啟發性的書，任何想協助青少年的人都需要它。

美國休閒治療推廣教育總監　丹尼・派翠

（Danny W. Pettry II, Director of Continuing Education at Rec Therapy Today）

為青少年的人生帶來改變

凱文將休閒治療以食譜的方式解說，讓人可以很簡單地遵循，並透過團體和個人的活動，卸下陷入困境的青少年的心防。我很高興看到他在過去9年中，為青少年生活帶來的改變。透過書中他設計的活動，你也可以幫助青少年的人生。對於那些幫助受創傷的青少年的人來說，這本書是很實用的資源。

伊利諾伊州跨機構體育協會理事　大衛・丹斯

（David Dance, Director of the Illinois Inter-Agency Athletic Association）

打破青少年心中樹立的那道牆

想要一個有氛圍的家，讓我的孩子可以放心地討論任何話題，自由並感到被認可……我發現，說起來容易，但做起來難。「休閒治療」這本書可以幫助我們打開一扇門，打破青少年心中樹立的那道牆。

當青少年感到安心並真正聽到他們的聲音時，他們更願意發聲並展示他們的觀點——而這本書可以讓這些對話開始。我推薦這本書給任何有孩子的人，它有很多最新的見解，有助於撫養這個世代的青少年。

讀者　Justin M

引言

各位同業治療師、諮商師、醫師、社工師，以及家長，大家好！我名叫凱文·谷澤斯基，我有幸利用休閒作為一種治療的方法，已將近二十年的時間。身為專業認證休閒治療專家（Certified Therapeutic Recreation Specialist，簡稱CTRS），我親眼見到休閒活動在讓人脫胎換骨上，具有驚人的潛力——在青少年身上尤其顯著。

我工作生涯的一開始，是在一家收容發展遲緩之成人的安養機構任職。我很快就學到，為機構內的住民提供合適的活動以滿足他們的各式需求，是一件很重要的事。

在休閒治療生涯過了一半多一些的時候，我轉換跑道了。我開始在一家收容青少年男孩的住宿型毒品勒戒暨精神健康中心，擔任休閒治療師。我所協助的許多孩子，是來自芝加哥治安不佳的地區，孩子往往和幫派有牽扯且有犯罪紀錄在身。

起初，這改變為我帶來了一點文化衝擊。我所協助的這些青少年並不願意接受治療，他們只關心一件事，就是能越早離開這家中心越好。為了因應這些青少年各式各樣的成長背景和心態，我在學習上遇到瓶頸，也花了相當多的力氣去適應。過程並不總是順遂。必須說，也曾經有不少時候，我被冠上了一些十分耐人尋味的罵名。幸好，和這些男生打交道最有效的一種辦法，就是透過休閒的經驗。

為什麼要選用休閒治療呢？

根據美國國家休閒治療認證委員會（National Council for Therapeutic Recreation Certification，簡稱NCTRC）的定義，休閒治療「……是一種有系統的歷程，運用休憩和

其他以活動為基礎的治療法，針對患有疾病和／或具有肢體能力障礙之個體經評估後的需求，增進其心理和生理健康、復元，以及舒適。」

休閒治療的目的，在於越來越了解我們的個案、探索個案的興趣，並利用這些興趣來改善有需求的部分。把休閒運用在治療上時，休閒可以提供配合度相當高的可塑時刻，是大多數其他療法都無法媲美的。

休閒療法尤其適合青少年，因為可以把他們的技能和興趣統整起來，用來對治他們所煩惱的事。譬如說，喜歡畫畫的青少年，可以有機會創作一幅畫，藉此以更自在的方式，向別人抒發自己的心事。

良好的休閒活動，也能卸下防衛心，讓青少年更容易接納新想法。這種情形發生時，學習到經驗的可能性可說非常驚人——甚至能改變人生。設計出能獲得青少年共鳴的活動，讓我學到了好幾個很重要的心得。

我所學到最重要的一課，就是要和青少年實際互動。找出一些他們真正在意的主題，讓他們參與一些感覺起來不見得像在接受治療的活動。鼓勵他們進入一種「渾然忘我的狀態」，也就是活動內容提供的挑戰性不多不少恰到好處，讓他們忘掉了自己所處的時間和空間，而完全投入其中。想要取得並維繫住青少年的注意力，並不見得都很容易。需要一點練習、耐心和熱情，才能看到青少年在艱困的時刻仍展現出耀眼的表現。而這種情形成真時，絕對是值回票價。

我想利用這個機會，把我的知識和經驗傳遞給你。就算在遭遇困難的日子裡，我仍覺得和青少年一起共事，讓我受益良多。當他們遇到靈光乍現的「啊哈」時刻，或發現了一個之前從來沒想過的真知灼見時，那簡直就像是見證奇蹟了。休閒活動可有助於增加這種時刻。

為什麼要選用這本書呢？

假如你就像大多數和青少年共事的專業人士或家有青少年的家長一樣，那麼你每天都會有大大小小的各種事情要忙。你可能會想，要是自己有辦法多挪出一點時間規劃有

深度的活動就好了。

此外，你手頭的預算可能也有限。你就是沒辦法花大錢在昂貴的遊戲或課程上，也無法確定它們是不是真的有效。

這本書讓你有機會可以用最少的事前準備時間，進行小團體或一對一的活動。最棒的是，書中許多活動都只需要用到很容易取得的用品，說不定你現在手邊就已經有了。

會不會因為事前的準備時間短，又沒使用到一大堆昂貴的用品，活動品質就因此打了折扣呢？才不會呢！身為一個忙到不可開交的休閒治療師，我學到了就算只是簡簡單單的活動，也能對遇上各種挑戰的青少年產生深遠的影響，只要在活動過程中特別留意孩子本身的強項和需求就好。

關於書中的活動

書中的一些活動，是似乎和青少年很有共鳴的活動中我自己最喜歡的一些。其他活動則是一些以證據為基礎的練習，並且已經為了今日的青少年而加以改良。

青少年是一種獨一無二的品種。他們的大腦不斷在改變和變得越來越成熟。在他們的這個發展階段中，測試底線和挑戰既有規範是家常便飯。書中的活動能幫助青少年卸下心防。活動比較能讓孩子感覺到他們有控制權，而不是只像在聽一個他們覺得並不了解他們的治療師或大人在對他們「說教」。這是一個一面玩樂一面成長的機會。

在我拚命想辦法設計活動的那段日子裡，我多麼希望自己手邊能有這樣的一本書。書中有各式各樣具體的小練習和活動，既契合青少年當下的現況，也提供了一個改變的起點。

如何使用這本書

在這本書中，你將會看到很多元的各種活動，適合團體和適合個人的都有——以類似食譜的簡單形式呈現。這些活動所涵蓋的層面很廣泛，例如自我探索、創意表達、建立團體發展應對技能、遊憩教育，以及非常多其他層面。

書中的每一個章節，都會探討一項年輕人和青少年常常深受影響的主題，例如自信、喪親哀悼和霸凌。每個主題都提供了分成三種級別的十五個活動。一般來說，級別的分級方式如下：

級別一：更認識某個特定主題。

級別二：更深入了解該主題和一些檢視該主題的方式。

級別三：發展出一套應對技巧，幫助青少年在日常生活中更能夠發揮自己。

雖然活動的級別能有助於更深入了解每種主題，你卻不見得一定要依照順序來進行這些活動。每個孩子來接受治療時，本身既有的技能都不同。請選用那些你認為最能引起你成員共鳴的活動吧。請直接以他們現有的理解和應對狀態作為起始點。由於青少年所遇到的很多課題彼此是互相重疊的，因此你應該在任何一個章節裡都能找到合適的活動。

我也在每個活動末尾列了一些「達人訣竅」，藉此提供一些點子，讓你能依據你成員的需求，對活動內容加以調整。這些訣竅是多年累積下來的經驗結晶——包括好的和不好的經驗——應該能夠幫助你為你的成員提供更實質而有意義的療程。

討論問題

活動結束後的討論，和活動本身一樣重要，甚至還更重要。活動的事後討論，能帶來有學到東西的感覺、心得洞見，和「啊哈」的時刻，這些都是活動結束很久以後，仍會繼續引起孩子共鳴的事情。

我在每一個活動都提供了幾個開放式的「討論問題」，想幫助孩子把這個活動應用到生活中。請利用這些問題作為一個起頭。開始討論以後，還可以加入你自己的問題。我真心相信，每個活動討論問題的過程，都是一次重要的轉捩點，讓青少年能把自己在活動中所學到的內容，從此應用到自己的日常生活中。

準備好要開始了嗎？希望這本書能成為你的百寶箱，也成為你所服務之青少年的激勵和靈感泉源。

第一章

正念

　　正念就是對當下此刻的覺知。然而，培養這種覺知，是說比做來得容易。幸好，有很多種技巧可以讓你用來練習和教導正念，其中一些技巧甚至很好玩。

　　練習正念可以平靜心靈，幫助我們體認到我們並不是我們的思緒、情緒和感受，它們只是我們身上的過客而已。這對青少年尤其可能有幫助，青少年經常覺得有各種力量把自己朝各種方向拉扯，例如同儕壓力、家人的期望、學校、工作，和自己的目標。

　　這一章的活動一共分成三種級別。「認識正念」（級別一）是簡單的初階探索活動，可幫助孩子更加意識到自己的想法、感受和情緒。「練習正念」（級別二）是運用已經證實有效的正念技巧，來增強孩子回到正念狀態的能力。「把正念納入日常生活」（級別三）則是幫助孩子把正念融入自己每天的生活。

此刻的我有什麼感受？

察覺身體的感覺

級別一
認識正念

你將需要用到：不需要任何用品
全程時間：15 分鐘
最合適的人數：1 到 5 人

活動帶領

1. 正念很重要的一個層面，就是覺察身體的感受，請討論一下這件事。
2. 讓孩子找個舒服的地方坐下來幾分鐘，請孩子閉上眼睛，如果他們[1] 願意的話。
3. 做幾次深呼吸，然後邀請孩子把注意力放在呼吸上。
4. 請孩子仔細留意自己所經歷到的任何感受。告訴孩子，對於這些感受，只要察覺到就好，不用評斷或試圖改變。
5. 請輕柔溫和地說些引導語，例如：「如果你發現自己的思緒有點飄來飄去，請把你的注意力慢慢放回呼吸上吧。」
6. 經過 3 到 5 分鐘後，請孩子睜開眼睛，重新熟悉一下四周環境。

討論問題

▶ 在這場活動過程中，你經歷到一些什麼樣的感受呢？
▶ 靜靜坐著幾分鐘，你覺得是簡單還是困難？怎麼說？
▶ 更加意識到自己身體的感受，對你可能有什麼樣的幫助呢？

達人訣竅

▶ 某些孩子可能很不習慣靜靜坐著，不論時間長短都一樣不自在。請告訴他們，睜開眼睛或休息一下都是可以的。
▶ 請提醒孩子，這裡是個安全的地方，不會有誰批判他們。
▶ 請向孩子說明並讓孩子放心，不論他們經歷到什麼樣的感受，都是完全沒問題的。

---

1 譯註：作者相當重視性別平權，在書中原文一律以中性的「them」作為單數第三人稱的性別代名詞。礙於中文目前尚無對應的譯詞，中譯暫且都先譯作「他」或「他們」，但實為中性的意涵，在接下來的內容中也都是如此，在此特別說明。

思緒的你拋我接

滔滔不絕的思緒會讓
集中注意力變得困難

級別一
認識正念

你將需要用到：4 到 8 顆球或其他小東西
全程時間：15 分鐘
最合適的人數：3 到 8 人

活動帶領

1. 讓所有成員圍成一個小圈圈，彼此面對面站著。
2. 把第一件物品交給一位孩子。請這位孩子用他所能夠的最快速度，把這個物品移交給位在他右邊的人。
3. 逐漸增加物品的數量。
4. 過了 1 到 2 分鐘後，讓活動先暫停一下。請向成員說明，這些物品代表著滔滔不絕的思緒——也就是每天會在我們腦海中上演的對話。
5. 用所有既有的物品，繼續進行活動幾分鐘的時間，然後請所有成員把速度放慢下來。
6. 請向成員說明，正念的活動有助於把滔滔不絕思緒的速度放慢下來，讓人更容易集中注意力。
7. 留些時間讓成員討論各自的想法。

討論問題

- 物品移交速度非常快的時候，你有什麼感覺？
- 你滔滔不絕的思緒，什麼時候讓你特別覺得難以招架呢？
- 什麼樣的活動，也許能幫助你把滔滔不絕思緒的速度放慢下來？

達人訣竅

- 可以試試改用其他代表不同煩惱的物品（例如課本或參考書）。
- 假如有人在活動過程中變得太挫折，請暫停活動，讓所有人都深呼吸一下。讓每個孩子說說自己當下的感受。
- 假如成員還想挑戰進階版，可以請成員在移交物品的同時，一面喊出自己在一天當中常常浮現的思緒。

這個感受在我身體的哪個部位呢？

覺察情緒是如何影響身體

級別一
認識正念

你將需要用到：紙、彩色鉛筆或彩色筆、白板和白板筆
全程時間：15 到 20 分鐘
最合適的人數：1 到 6 人

活動帶領

1. 請孩子簡單畫出自己的身體輪廓。
2. 請向成員說明，情緒是以很多種方式在影響著身體。比方說，人生氣的時候，可能會感覺到想要握拳，或肩膀變得緊繃了。
3. 帶孩子腦力激盪，想一想有哪些不同的情緒。把這些情緒寫在白板上。
4. 讓孩子選出四種情緒，並為每種情緒配上一種顏色（例如用黃色代表快樂）。
5. 給孩子 5 到 7 分鐘的時間，想一想他們在哪些時候會感受到這些情緒，然後請孩子在身體輪廓上，把受影響的部位畫上顏色。
6. 給孩子機會分享自己所畫的圖，並討論一下自己的心得。

討論問題

▶ 你身體最受情緒影響的是哪些部位？
▶ 哪些情緒對你的身體影響最大呢？
▶ 對身體所出現的情緒反應保持正念，能夠在你日常生活中帶來什麼樣的幫助呢？

達人訣竅

▶ 可以不用一次就把所有情緒都探討完，而是把活動時間分成小段，各別探討每種情緒。
▶ 假如成員有困難，請把重點放在他們是在什麼時候感受到所選擇的情緒。
▶ 請提醒孩子，回答內容並沒有分對或錯，每個人經歷情緒的方式都各有不同。

我心裡在想什麼呢？

利用平靜的時刻，
觀察此起彼落的思緒

級別一
認識正念

你將需要用到：筆和紙
全程時間：15 分鐘
最合適的人數：1 到 4 人

活動帶領

1. 帶孩子把一張紙劃分成五大欄，分別標上計畫、回憶、情緒、批判／觀察，以及其他。
2. 請向成員說明，有時候，尤其是我們想尋求平靜時，這類思緒有可能會浮現並使我們分心。
3. 討論一下各種不同類型的思緒，並請成員舉例說明。
4. 請成員靜靜坐著 5 分鐘，同時把注意力放在呼吸上。請成員在一發現有思緒時，就在對應的欄位很快打個勾，然後放下這個思緒。
5. 每隔一陣子就提醒成員把注意力放在呼吸上，並留意一下他們是否有因為一些思緒而分心了。
6. 讓成員分享自己的感想。

討論問題

▶ 在這個活動中，你最常遇到哪些類型的思緒呢？
▶ 哪些思緒最容易讓你分心，或你最難放下？
▶ 如果每天撥出一點時間留意自己的思緒，對你會有幫助嗎？為什麼有幫助，或為什麼沒幫助呢？

達人訣竅

▶ 請選擇一個平靜的場地，能提供安全感，且沒有令人分心的事物。
▶ 請提醒孩子，思緒沒有分對或錯，這個活動只是把當下剛好浮現的思緒稍微記錄一下而已。
▶ 假如孩子在歸類思緒時有困難，請孩子把思緒先簡單寫下來就好，留到之後再討論。

我喜歡的事⋯⋯和不喜歡的事

觀察和不同情境
有關的不同情緒

級別一
認識正念

你將需要用到：筆和紙
全程時間：10 到 15 分鐘
最合適的人數：1 人

活動帶領

1. 帶孩子把一張紙劃分成四大欄，分別標上我非常不喜歡、我有點不喜歡、我有點喜歡，以及我非常喜歡。
2. 請孩子在各個欄位，寫下一個事件／情境。
3. 請討論一下，我們有可能針對特定的事件，表現出情緒反應。必要時，請幫助孩子定義某些情緒。
4. 用 2 分鐘的時間，讓孩子回想一下各個事件／情境，並寫下心中浮現的任何情緒或思緒。

討論問題

▶ 你對各個情境所感受到最強烈的分別是哪些情緒呢？
▶ 關於這些情境，你所感受到的哪些情緒最令你意外呢？
▶ 了解自己對某個事件固定會有什麼反應以後，在將來對你能有什麼樣的幫助呢？

達人訣竅

▶ 假如孩子在某個欄位想不出對應的情緒，可以請他閉上眼睛，想像該事件此刻實際發生了。
▶ 如果合適的話，可以把某個事件／情境演出來，讓孩子能更清楚看出自己心裡可能有的情緒。
▶ 若孩子在辨認情緒上有困難，可以列舉出一些情緒供孩子參考。

緊繃和放鬆

利用肌肉的緊繃和
放鬆來舒緩身心

級別二
練習正念

你將需要用到：不需要任何用品
全程時間：10 到 15 分鐘
最合適的人數：1 到 5 人

活動帶領

1. 請向成員說明，壓力和情緒可能會導致身體在一些不同部位累積緊繃感。讓孩子舉例說明哪些時候可能會發生這種情形。

2. 讓孩子用舒服的姿勢坐下來或躺下來，然後做幾次深呼吸。如果孩子願意，請孩子閉上眼睛。

3. 請向孩子說明，當你喊出身體的某個部位時，孩子就要使盡全力把那個部位繃緊長達 5 秒鐘。等你說「放鬆」的時候，他們才放鬆那個部位。

4. 引導孩子在每個部位都走一輪。

5. 在練習的最結尾，讓孩子把全身都繃緊，然後放鬆。

6. 給孩子一點時間，靜靜回想這段體驗，再給孩子機會討論一番。

討論問題

▶ 你身體的哪個部位似乎最難舒緩呢？

▶ 你壓力大或感到招架不住的時候，身體的哪裡感覺起來最緊繃呢？

▶ 什麼時候會是你運用這種舒緩技巧的好時機呢？

達人訣竅

▶ 請務必讓現場的分心事物降到最少。

▶ 在換到下一個身體部位以前，請務必先停頓片刻。

▶ 必要時，可以多說些引導語，讓成員更容易進入狀況。例如：「請感覺到你的肩膀緊繃起來⋯⋯用力繃⋯⋯再用力⋯⋯現在請放鬆，感覺那整個部位非常舒暢流通。」

四段呼吸法

利用正念呼吸法獲得
腳踏實地和放輕鬆的感覺

你將需要用到：不需要任何用品
全程時間：10 到 15 分鐘
最合適的人數：1 到 5 人

級別二
練習正念

活動帶領

1. 討論一下，正念呼吸法在艱困的時刻，可以有助於讓身體和心靈平靜下來。問問孩子，他們覺得哪些時候很難使自己放輕鬆。
2. 讓孩子以舒服的方式坐下來，做幾次深呼吸。如果孩子願意，請孩子閉上眼睛。
3. 引導孩子進行正念的呼吸練習。讓孩子吸氣數四拍、閉氣數四拍、呼氣數四拍，再閉氣數四拍。
4. 繼續進行 4 到 5 分鐘。
5. 給孩子一點時間重新適應四周環境。

討論問題

▶ 在這項舒緩技巧的過程中和之後，你有什麼樣的感覺呢？
▶ 你遇到什麼令你分心的事物？
▶ 請列舉出三種這項技巧可以派上用場的現實生活情境。

達人訣竅

▶ 請讓孩子知道，練習正念的過程中，分心了也沒關係，而且是很正常的事。只要察覺到自己分心了，並試著回到指導者的引導上就好了。
▶ 假如孩子有困難，可以在紙上畫一個方形。讓孩子在進行每一段呼吸時，都用手指沿著方形的某一邊指畫。
▶ 假如經過了好一會兒，孩子對這項練習仍然有困難，請安撫孩子，並讓孩子回歸自己原本的呼吸方式，然後先靜靜坐著，等待其他成員完成練習。

好多令人分心的事情呀！

減少分心以提升專注

級別二
練習正念

你將需要用到：網球和湯匙
全程時間：20 分鐘
最合適的人數：4 到 6 人

活動帶領

1. 有事物令人分心時，完成任務會有困難，請成員舉例說明一下這種情形。
2. 請指導一個孩子，用一支湯匙盛著網球，從室內的一頭走到另一頭。
3. 要其他人大聲喊出青少年會遇到的日常煩惱，譬如「我沒時間寫作業」。
4. 第二次走的時候，請這位孩子先指定一句鼓勵的話語，讓其他人當成口號不斷高聲複誦，譬如「你一定可以的」。
5. 現在請這位孩子在其他人複誦這句正面話語的同時，再一次用湯匙盛著網球，從室內的一頭走到另一頭。
6. 換其他成員進行這個流程。

討論問題

▶ 請討論一下，兩次走起來的感覺有什麼不同。
▶ 請聊聊有哪次，你心中有太多各式各樣的思緒冒出來，因而很難集中注意力。
▶ 學習利用正念讓你的思緒平靜下來，有哪些好處呢？

達人訣竅

▶ 展開活動以前，請先腦力激盪一起想一想要喊什麼樣的內容，以確保孩子所喊出的內容是合適且尊重別人的。
▶ 假如這個活動感覺太簡單，可以增加障礙物，例如繞著椅子走。
▶ 假如這個活動太難了，可以調整一下，讓孩子用手心捧著網球。

培養感恩的心

珍惜生活各個層面的正面事物

級別二
練習正念

你將需要用到：紙、彩色鉛筆或彩色筆
全程時間：15 到 20 分鐘
最合適的人數：2 或 3 人

活動帶領

請孩子們定義何謂感恩，並舉例說明。

1. 引導孩子們畫一棵至少有五根大樹枝的樹。

2. 讓孩子在每一根樹枝上，寫下自己生活中的一個主要面向——學校、家庭、朋友等等。

3. 請向孩子們說明，培養感恩的心態，能如何改善自己的心情，和讓人更懂得珍惜並欣賞生命。

4. 讓孩子在每根樹枝上加畫四片葉子，然後在葉子上寫下單字或短句，描述為什麼他們對自己生活中的這個層面覺得感激。

5. 鼓勵孩子分享自己的畫作。

討論問題

▶ 哪些葉子填寫起來最容易？

▶ 你生活中有沒有什麼層面，是你很難覺得感謝的？

▶ 這個活動是如何改變了你看待你生活處境的方式呢？

達人訣竅

▶ 假如孩子在填寫葉子時有困難，可以腦力激盪一起想一些感恩的例子。

▶ 孩子思索如何填寫葉子時，可以一面挑戰孩子再多加些葉子。

▶ 可以鼓勵孩子，把自己的感恩樹，掛在一個每天都能看見的地方。

以正念一次踏出一步

利用常見的活動來體驗正念

級別二
練習正念

你將需要用到：紙膠帶
全程時間：10 到 15 分鐘
最合適的人數：1 到 5 人
事前準備：用紙膠帶在室內貼出一條行走路線

活動帶領

請討論一下正念，以及連像走路這麼簡單的活動，都可以成為練習正念的好機會。

1. 帶孩子在路線的某處排隊站好。

2. 指引孩子順著這條路線走，把注意力放在自己所踏出的每一步上。他們可以計數自己的每一步、在心中默唸「右腳、左腳」，或把注意力放在雙腳踏在地面上時各有什麼樣的感受。

3. 讓孩子順著這條路線行走 4 到 7 分鐘。如果孩子發現自己的思緒飄走了，請溫和輕柔提醒孩子把注意力拉回來。

4. 給孩子一個機會想一想這段體驗。

討論問題

▶ 嘗試以正念行走的時候，你有什麼感覺？

▶ 為了專心行走，你把注意力拉回來多少次？

▶ 還有其他哪些簡單的活動，能幫助你練習正念呢？

達人訣竅

▶ 請根據成員的反應情形，適度調整活動的時間長短。

▶ 如果有更大的空間可供使用（甚至是戶外的空間），就改用更大的空間吧。

▶ 請提醒孩子，出現令人分心的思緒是很正常的。假如他們發現自己分心了，可以先暫停一下，做幾次深呼吸，然後再回到活動上來就好了。

天上的浮雲

在困難的時刻，別那麼快回應

級別三
把正念納入日常生活

你將需要用到：不需要任何用品
全程時間：15 分鐘
最合適的人數：1 到 5 人
事前準備：營造一個令人分心事物降至最少的空間，讓孩子能以舒適的方式坐下來。

活動帶領

1. 請向成員說明，覺知到自己心中浮現的思緒、感受和情緒，能夠避免做出可能令我們事後懊悔的行為。
2. 讓孩子做幾次深呼吸，安頓下來，然後想像一片深藍色的天空，試著讓自己心無雜念。
3. 告訴孩子，可以把所浮現的任何思緒、感受或情緒，都想像成一朵來來去去的浮雲。等它飄走以後，他們可以讓注意力再度回到藍天上。
4. 請提醒孩子，這些浮雲並不是他們，而只是某種經過他們的東西而已。他們是藍色的天空。
5. 繼續進行這項練習 5 到 7 分鐘，並請溫和輕柔地提醒有關浮雲的事。
6. 讓孩子重新適應一下四周環境，然後開始討論。

討論問題

▶ 你的天空中，多常遇到浮雲飄過呢？
▶ 關於靜靜讓思緒或情緒自己飄走，你遇到什麼樣的困難？
▶ 體認到你的思緒和情緒都只是一時的浮雲後，你看待事情的觀點有什麼改變呢？

達人訣竅

▶ 請把練習過程中不必要的分心事物降到最少。
▶ 假如有人變得不自在，請他停止練習，先靜靜坐著就好。
▶ 如果你是和同一個孩子或同一群成員再度進行這項活動，可以漸進式拉長靜思的時間。

退一步

更平心靜氣地回應不容易相處的人

級別三
把正念納入日常生活

你將需要用到：不需要任何用品
全程時間：15 到 20 分鐘
最合適的人數：2 到 6 人

活動帶領

1. 討論一下，遇到不容易相處的人時，正念的「暫停」如何派上用場。
2. 一起腦力激盪想出一些有人可能使青少年很生氣或很不高興的情境。
3. 選定一個情境。
4. 請一個孩子扮演情境中不容易相處的人，再請另一個孩子扮演試著平心靜氣回應的人。
5. 讓他們用大約一分鐘的時間演出這個情境。
6. 說「深呼吸，退一步」，讓演出暫停。
7. 請扮演試著平心靜氣回應的人，利用一句「我」敘述句（例如「我感到很挫折，因為……」），來說明自己的感受。
8. 檢視一下，能夠用哪些方法有效應對這種情境。
9. 用不同的情境再次進行這個流程。
10. 討論一下，以正念的方式稍微停頓片刻，如何讓人平心靜氣地回應。

討論問題

▶ 請聊聊有哪次，你因為某個不容易相處的人而失控了。
▶ 遇到困難的處境時，你可以透過哪些方式很快「暫停」一下呢？
▶ 有哪些導火線會導致你很生氣或很不高興呢？

達人訣竅

▶ 請務必讓孩子在互動過程中保持尊重的態度。
▶ 請仔細觀察控制演出情境的發展，只要有孩子明顯變得不開心了，就很快把活動先暫停。
▶ 如果有任何孩子曾經有過心理創傷，選擇情境時請務必謹慎，以免造成二度創傷。

我一日行程的心智圖

認識我們每天日常的正面和負面思緒

你將需要用到：筆和紙
全程時間：15 到 20 分鐘
最合適的人數：1 到 6 人

級別三
把正念納入日常生活

活動帶領

1. 帶孩子用 1 到 2 分鐘的時間，靜靜回想一下最近的這幾天。
2. 請孩子在紙上的不同區域，寫下他們最近這幾天待過的一些地方。
3. 要孩子把每個地點圈起來，然後從圈圈畫出延伸的線條。
4. 請孩子在每條線的末端，寫下那個地點讓他們聯想到的想法和情緒。
5. 在各個想法的旁邊，請孩子加註「＋」或「－」，代表這個想法是正面或負面。
6. 在孩子感到自在的前提下，讓孩子分享自己的心智圖，並討論一番。

討論問題

▶ 你的心智圖，有哪部分令你感到意外嗎？

▶ 關於你對各個地點的想法或情緒，有沒有注意到什麼一再出現的主題呢？

▶ 更了解某個地點對你可能產生的影響以後，你能夠如何更順利應對這些困難的地點呢？

達人訣竅

▶ 可以提供一張心智圖的參考範本，讓孩子對這個活動更有概念。

▶ 如果時間允許，可以給孩子一段靜靜回想的時間（2 到 3 分鐘），想一想他們在心智圖上所列出的各個地點。

▶ 請務必讓孩子了解，他們可以全權決定自己願意或不願意分享某些內容。

平心靜氣瓶

透過手作美勞鼓勵正念

級別三
把正念納入日常生活

你將需要用到：罐子或水瓶、溫的自來水、至少三種顏色的亮粉、膠水、漏斗、食用色素、彩色筆
全程時間：15 到 20 分鐘
最合適的人數：1 到 5 人

活動帶領

指引孩子：

- 在一個瓶子裡裝入三分之一的膠水。
- 利用漏斗，把（至少）三種顏色的亮粉加入半茶匙。
- 在瓶中加入溫水到九分滿，蓋上蓋子後，搖晃均勻。
- 假如亮粉沉澱得太快，請再加一些膠水。沉澱得太慢，則請再加清水。
- 如果願意，也可以加幾滴食用色素。
- 用膠水把瓶蓋封緊。

7. 討論一下，如何能用亮粉來代表思緒和感受。身處在困難處境的時候，你可能會覺得自己像被「搖晃」了，很難在錯綜複雜的思緒、感受和情緒中，把事情看得清楚。
8. 讓孩子在自己的瓶身上，寫一句能平靜身心的話語，例如「事情在我的掌控中」。
9. 要孩子回想一個自己最近遇到的難題，想出以後，把自己的瓶子搖一搖。
10. 請孩子做幾次深呼吸，然後靜靜觀看亮粉沉澱下來。

討論問題

▶ 請描述某次你因為遇到困難處境而感到不堪負荷的經驗。

▶ 有哪些思緒、感受和衝動，有時候使你很難把事情想清楚呢？

▶ 你能夠如何利用這個平心靜氣瓶，來幫助你回到此刻當下呢？

達人訣竅

▶ 可以使用品質較佳的水瓶，讓這個作品更持久耐用。

▶ 也可以用甘油或洗碗精取代膠水，減緩亮粉沉澱的速度。

▶ 假如孩子在進行其他正念活動時難以集中注意力，可以鼓勵孩子善用這平心靜氣瓶。

溫暖慈善的靜思

傳送關愛和善意給親人，
以及不容易相處的人

你將需要用到：不需要任何用品
全程時間：15 分鐘
最合適的人數：1 到 5 人

級別三
把正念納入日常生活

活動帶領

1. 請定義何謂關愛，並討論對別人懷抱關愛的心意，能幫助你以不同的方式看待別人。

2. 讓孩子以舒適的姿勢坐下來或躺下來，然後做幾次深呼吸。

3. 引導孩子進行以下的步驟：

   - 請想像你自己身處在一個讓你舒服自在又幸福快樂的地方。請在心裡對你自己說：「願我快樂開心，願我舒適自在，願我沒有任何痛苦。」

   - 請想像某個你所愛的人也來到這個地方。想像你在傳送一波波的關愛給這個人。在你心裡，請對這個人說：「願你快樂開心，願你舒適自在，願你沒有任何痛苦。」請想像這個人接收到了你的善意，並試著想想看對方有什麼樣的回應。

   - 請以一個你並無特殊感受的人，作為想像的對象，再進行一次以上的步驟。

   - 請以一個不容易相處的人，作為想像的對象，再進行一次相同的步驟。

4. 先給孩子幾分鐘的時間重新適應四周環境，然後才開始討論。

討論問題

▶ 做完這次靜思後，你有什麼感覺？

▶ 想像自己對某人產生了正面的影響，如何改變了你看待這個人的方式呢？

達人訣竅

▶ 靜思的過程中，請說些引導語，鼓勵孩子把內容想像得更具體。譬如：「那個場地看起來是什麼樣子呢？」

▶ 請提醒孩子，不論他們有什麼想像或感受，在當下此刻都是完全可以的。

第二章

自我評價

　　自我評價是一個人對自身價值的整體觀感——也就是這個人如何端詳自己和對自己有什麼感覺。青少年幾乎是天天都有自我評價上的煩惱，因為有種種壓力來自家人、同儕，甚至是鏡子。這個階段具有可塑性，在這個時期所發生的負面事件，有可能對孩子的自我評價造成重大打擊。

　　協助青少年培養自我評價，可以帶來長遠的正面效應。自我評價良好的孩子比較有自信且有韌性，也比較不會從事如藥物濫用之類的有害行為。

　　這一章的活動一共分為三種級別。「認識自我評價」（級別一）在於協助孩子更認識他們對自己有什麼感覺。「是什麼在影響自我評價？」（級別二）在於協助孩子了解是什麼事情形成了負面或正面的自我評價。「建立自我評價」（級別三）在於協助孩子建立自我評價，並營造一套精進成長的思維。

關於我自己，我喜歡的是……

更仔細檢視孩子的種種正面特質

級別一
認識自我評價

你將需要用到：紙、筆、彩色筆或彩色鉛筆
全程時間：20 分鐘
最合適的人數：2 到 6 人

活動帶領

1.　討論一下，把注意力的重點放在我們的正面特質上，如何增進自我評價。
2.　請成員舉出一些正面特質的例子。
3.　給孩子幾分鐘的時間，讓他們靜靜想一想自己正面的個人特質，然後在紙上寫下來。
4.　要孩子把自己最喜歡的特質從 1 到 10 排序。
5.　給孩子大約 10 分鐘的時間，為自己的種種正面特質，要麼寫一個「網路瘋傳影片」的劇本，要麼製作一張小海報。
6.　讓每個孩子上台向所有成員介紹自己的各種正面特質。
7.　對上台報告的內容討論一番。

討論問題

▶　哪些正面特質最為常見？
▶　哪些正面特質讓你覺得很意外或很有趣呢？
▶　把注意力的重點，放在你所能貢獻的這麼多長處上，如何在困難的時刻為你帶來幫助呢？

達人訣竅

▶　在孩子思索自己正面特質的時候，請說些引導語協助激發靈感。例如：「你在哪些方面讓你家人覺得很以你為榮？」
▶　害羞的孩子有可能不善於談論自己。請鼓勵他們製作海報，然後無論如何還是上台報告，並且可以請比較外向的孩子幫忙一下。
▶　必要時，可以調整活動中所建議的請孩子排序的正面特質數量。

辨識自我對話

檢視一下我們對自己說的
種種正面和負面訊息

級別一
認識自我評價

你將需要用到：筆、小紙條（每人 10 張）、3 個小籃子或是
垃圾桶
全程時間：10 到 15 分鐘
最合適的人數：1 到 5 人

活動帶領

1. 請把自我對話定義為內心的對話，這對話既可能是正面的，也可能是負面的。討論一下它會如何影響我們的心情和自我評價。讓孩子分享一些例子。

2. 發給每個孩子十張紙條和一支筆。請孩子在每張紙條上，寫下自己所遇過或認為別人遇過的自我對話例子。

3. 孩子寫紙條的同時，請把小籃子或垃圾桶分別標上正面、負面和中性，然後放置在距離孩子幾步路的地方。

4. 孩子寫完以後，讓孩子分享一下自己所寫的內容，然後把紙條揉成一團，丟進三個小籃子的其中一個。

5. 照這樣繼續，直到所有紙條用光為止。

討論問題

▶ 你最常辨識出的自我對話，是哪種類型？你覺得為什麼會這樣呢？

▶ 進行這項活動時，你遇到什麼樣的自我對話？

▶ 對自己的自我對話更有覺知，如何幫助你改善每天的心情呢？

達人訣竅

▶ 玩起來！可以把丟紙團到籃子裡的這件事，變成一場遊戲。

▶ 假如有人沒丟中，可以讓他們再唸一個類似的想法，就能獲得再次投籃的機會。

▶ 為了激發更多靈感，可以舉例描述一些孩子可能會遇到自我對話的情境。

我一路過關斬將來到這裡了

帶孩子歡慶自己的成就

級別一
認識自我評價

你將需要用到： 紙膠帶、小獎品或結業證書
全程時間： 10 到 15 分鐘
最合適的人數： 1 到 5 人
事前準備： 在地上貼置 5 到 7 條紙膠帶以代表障礙柵欄

活動帶領

1. 討論一下，歡慶最近的成就或「獲勝」，如何從負面觀點轉換成正面觀點。讓孩子舉一些「獲勝」的例子。

2. 請向成員說明，每條紙膠帶都代表他們在日常生活中遇到的一項挑戰或障礙。他們如果想「跨越」這道障礙柵欄，就必須分享一個自己最近經歷到的獲勝經驗。

3. 每到一條紙膠帶前面，就請孩子討論他們所面對的一項挑戰。只要他們說出了自己是如何克服這項挑戰並因此「獲勝」，就可以跨越這條紙膠帶。

4. 跨越所有的障礙柵欄後，請送給孩子一個小獎品或結業證書，以獎勵他們歡慶了正面的成就。

討論問題

▶ 更仔細檢視了最近的成就後，你有什麼感覺？

▶ 最近的哪一項成就，你最引以為傲？

▶ 你可以利用什麼樣的簡單方法，來歡慶你跨越了生活中的障礙？

達人訣竅

▶ 請提醒孩子，各種大大小小的成就都是成就。每一次的成就都是一次跨越障礙柵欄。

▶ 如果時間充裕，讓孩子舉一個例子說說自己在個人生活中未能「獲勝」的經驗，並請向孩子提議一個不同的應對方式。

▶ 每個人對成就的感受方式都不同，假如有人貶低別人的成就，請務必要介入調解。

赫赫有名的不完美

體認到就算是
最受崇拜的人也並不完美

級別一
認識自我評價

你將需要用到：白板和白板筆
全程時間：20 分鐘
最合適的人數：2 到 6 人

活動帶領

1. 請孩子提供一個完美主義的定義，也就是覺得凡事都需要十全十美的一種性格特質。請討論一下，人是否真的有可能做到十全十美。
2. 讓孩子舉出五到八位可能被某些人視為完美的知名人物。在白板上寫下他們的名字。
3. 給孩子幾分鐘時間討論一下，關於這每一位名人，孩子聽說過什麼樣的事蹟。關於看待這每一位名人的方式，請鼓勵孩子使用一種正面積極而尊重的討論態度。
4. 過了 2 到 4 分鐘後，請孩子列舉出這每一位名人所可能有的一些不完美。
5. 請把白板上的每一個名字都探討一輪。
6. 討論一下，其實每個人都有不完美的地方，接受甚至是擁抱這些不完美，其實可以增進自我評價。

討論問題

▶ 你覺得人有辦法達成完美境界嗎？為什麼可以，或為什麼不能呢？
▶ 探討過名人的不完美以後，你可以如何更接納你自己呢？
▶ 完美主義對你的自我評價會有什麼影響呢？

達人訣竅

▶ 可以依你成員的喜好，把名人換成超級英雄、小說人物，或孩子覺得有共鳴的任何人物。
▶ 討論時，請保持一種尊重的態度。有些孩子對某些名人有著很強烈的情感執著，如果那位名人受到攻擊，有可能會讓孩子很不高興。
▶ 請提醒孩子，某些名人八卦就只是八卦而已；可以把這當成一次機會教育，說明八卦不論對名人或對普通人都可能造成傷害。

對我而言很重要的事情

創作一幅個人價值觀的拼貼畫

級別一
認識自我評價

你將需要用到： 海報板或大型紙張、有圖片或文字內容可供剪裁的報章雜誌、剪刀、膠水、彩色鉛筆和彩色筆、可供使用的電腦和列印機（非必要）
全程時間： 20 分鐘
最合適的人數： 1 到 6 人

活動帶領

1. 請孩子定義何謂價值觀，並舉出相關例子。

2. 討論一下，堅守或忽略個人的價值觀，對自我評價會有什麼影響。

3. 讓孩子利用所提供的用品，創作一幅拼貼畫，呈現出對他們而言最重要的一些價值。他們可以剪裁圖片或文字、畫圖、寫字，或運用任何其他的創意表達方式。

4. 給孩子機會向其他成員展示介紹自己的拼貼畫。

討論問題

▶ 對你而言最重要的價值有哪些？怎麼說？

▶ 你注意到成員之間有哪些常見的價值呢？又有哪些很不一樣的價值呢？

▶ 請說說有哪次，你個人的價值觀受到了挑戰，而你又是如何反應。

達人訣竅

▶ 請提醒孩子，價值觀是非常個人的，因此回答內容並沒有對錯之分。

▶ 假如時間和資源都充足，請讓孩子從網路列印一些圖片——尤其是無法取得雜誌的時候。

▶ 假如你手邊缺乏資源，孩子進行這項活動時，也可以手繪一幅關於他們價值觀的個人廣告。

我在跟自己說些什麼呢？

透過同儕的協助，
辨識自我對話的習慣

級別二
是什麼在影響自我評價？

你將需要用到：筆、便利貼、白板和白板筆
全程時間：20 分鐘
最合適的人數：2 到 6 人
事前準備：請先想出一系列孩子可以很容易接續的開放式
「我」敘述句（例如「到目前為止，我今天過得……」或「五
年之內，我就會……」）。

活動帶領

1. 請定義何謂自我對話，並討論它什麼情況可能是正面的，或什麼情況可能是負面的。

2. 請唸出一句開放式的敘述句，然後請孩子在便利貼上寫下自己的回答。

3. 把回答收回來，洗牌一番。

4. 請大聲唸出每一張回答內容，並請孩子判定這個自我對話究竟是正面的還是負面的。把每一張回答內容區分成正面的或負面的自我對話，然後張貼在白板上。

5. 重複這個流程，把所有的敘述句都貼完。

討論問題

▶ 是否有某些敘述句會比較容易引起正面的自我對話？負面的自我對話又是如何呢？你覺得為什麼會這樣？

▶ 你能不能舉例，把一句負面的自我對話，變成一句正面的自我對話？

▶ 更加意識到自己的自我對話，如何幫助你建立自我評價呢？

達人訣竅

▶ 如果時間允許，可以讓孩子自己提議活動中要使用的開放式敘述句。

▶ 雖然是不具名作答，但要是孩子的回答內容受到嚴厲批判，有可能讓孩子變得很敏感。請鼓勵成員在提出自己的看法時，保持尊重的態度。

▶ 請提醒孩子，這些敘述句的回答並沒有對錯之分。

社群媒體在跟我說些什麼呢？

探索社群媒體與
孩子自我評價的關係

級別二
是什麼在影響自我評價？

你將需要用到：白板和白板筆、筆、紙
全程時間：15 到 20 分鐘
最合適的人數：2 到 8 人

活動帶領

1. 請孩子大聲說出自己最喜歡的社群媒體平台，在白板上一一寫下來。討論一下孩子多常和這些社群媒體互動。
2. 談一談某些社群媒體的貼文如何可能造成不切實際的期望（會誤導讀者的貼文、以濾鏡美化過的照片等等）。
3. 讓孩子在紙上創作一篇他們心目中不切實際的社群媒體貼文。
4. 讓孩子分享一些例子，並討論為什麼它們不切實際。
5. 請討論不切實際的貼文對自我評價可能有什麼影響。

討論問題

▶ 社群媒體曾經影響過你的自我評價嗎？怎樣有影響，或怎樣沒影響呢？
▶ 你是否曾經在社群媒體上發表過不切實際的內容？當時為什麼會想那麼做呢？
▶ 具備了辨認不切實際貼文的能力後，如何讓你對社群媒體的影響更有抵抗力呢？

達人訣竅

▶ 由於社群媒體是許多青少年生活中很重要的一個層面，帶領活動時，請務必也要記得強調線上社交互動正面的一面。
▶ 可以給孩子機會腦力激盪，想一想比較切合實際的貼文會是什麼模樣。
▶ 請別一直拋答案。讓孩子自己想一想可以用哪些不同的方式反駁不切實際的期望。

破壞友誼的因素

辦識使友誼難以再維持的因素

級別二
是什麼在影響自我評價？

你將需要用到：筆和紙
全程時間：15 到 20 分鐘
最合適的人數：2 到 6 人

活動帶領

1. 帶孩子談一談，他們心目中的良好友誼和人際關係，應該具備什麼樣的特質。討論一下，這些特質為什麼很重要。

2. 討論一下，哪些因素可能使友誼受挫。讓孩子腦力激盪一番，想一想哪些不利交往的特質（例如大頭症、經常闖禍），可能會導致他們不得不對一段友誼或人際關係說「不」。

3. 請聊一聊有益的人際界線，以及為什麼和具有這類不利交往特質的人保持一定的距離，是一件很重要的事。

4. 請用角色扮演的方式帶孩子看看，他們如何對具有這類不利交往特質的其他孩子說「不」。

討論問題

▶ 為什麼你特別挑選出這些因素作為不利交往的特質呢？

▶ 請說說有哪次你很難對某位朋友說「不」。

▶ 建立有益的人際界線，如何提升你的自我評價呢？

達人訣竅

▶ 可以用一點時間，討論一下各種不利交往的特質，以及它會如何形成一段負面的或具破壞性的友誼。

▶ 假如孩子在角色扮演上有困難，請允許孩子「換手退出」，改由另一名成員來接手角色扮演。

▶ 可以給孩子機會分享自己以前友誼或人際關係的負面後果。

善待我的身體

用創意的表達方式來欣賞身體

級別二
是什麼在影響自我評價？

你將需要用到：筆和紙、彩色筆、彩色鉛筆、水彩顏料、水彩筆，或任何其他現有的畫具。
全程時間：15 到 20 分鐘
最合適的人數：2 到 6 人

活動帶領

1. 聊一聊善待自己和接納自己如何提升自我評價。
2. 在一張紙的中央，請孩子寫下一首俳句，以正面的方式形容自己的身體特徵。（俳句是一種簡單的三行詩，第一句有五個音節，第二句有七個音節，第三句則有五個音節。）
3. 請孩子用任何現有的畫具，對自己的詩作加以裝飾。
4. 讓孩子向其他成員展示自己的作品，並請所有成員只能以正面的回饋意見來回應。

討論問題

▶ 你在寫這首俳句時，想到了哪些正面特質呢？

▶ 你從其他成員的作品，注意到哪些令人意外或反覆出現的主題呢？

▶ 和其他成員分享你的正面特質，你有什麼感覺？

達人訣竅

▶ 可以提供一些俳句的參考範本，以協助孩子完成這項活動。

▶ 假如孩子在寫俳句上有困難，可以先說一句鼓勵引導的話語，或幫忙孩子先寫出第一句。

▶ 可以的話，讓孩子把所寫的俳句，掛在可以被其他人看到和欣賞的地方。

從錯誤中成長

探索如何能把犯錯變成學習的機會

你將需要用到：筆和紙、彩色鉛筆和／或彩色筆
全程時間：15 到 20 分鐘
最合適的人數：2 到 6 人

級別二
是什麼在影響自我評價？

活動帶領

1. 討論一下，犯錯有時候會影響到我們對自己的感覺。
2. 請給孩子以下的指引：
   - 請在一張紙上畫一棵樹。在樹幹的最底部，請寫下這輩子影響了你的一次犯錯。
   - 在樹幹稍微往上一點的地方，請寫下犯這個錯讓你有什麼感覺。
   - 現在，在樹幹上畫出四根主要的樹枝。請順著每一根樹枝，寫下你生活中哪一個特定領域受到了這次犯錯的影響。
   - 在樹枝的末端，請畫一些樹葉，然後在樹葉上寫下在生活中的這個特定領域，你從錯誤中所學到的所有心得。
   - 最後，在樹的上方畫一個太陽吧。在太陽裡，請寫下你從這次犯錯中所獲得最重要的學習機會。
3. 讓孩子自己隨意選擇要以何種方式裝飾這幅畫。
4. 分享並討論作品。

討論問題

▶ 為什麼你特別挑選了這個錯誤呢？

▶ 從這次犯錯中回到原本的生活容易嗎？為什麼容易，或為什麼不容易呢？

▶ 分析錯誤並從錯誤中學習，如何有助於建立你的自我評價呢？

達人訣竅

▶ 假如孩子在進行這項活動時有困難，可以讓他們和其他人用口頭討論的方式描述自己的遭遇。

▶ 可以討論一下，一棵樹在一生中會經歷到的許多不同變化。可以把犯錯拿來和樹所克服的乾旱或雷擊比較。

我的夢幻假期

練習自我照顧和強化自我評價

級別三
建立自我評價

你將需要用到：筆、紙、雜誌、網路上的圖片（方便的話）、彩色鉛筆、彩色筆
全程時間：20 分鐘
最合適的人數：1 到 5 人

活動帶領

1. 討論一下，善待自己如何有助於改善自己的心情和提升自我評價。讓孩子很快舉幾個例子說說善待自己的方式。
2. 請孩子想像自己心目中的夢幻假期，在這個假期當中，所有呵護和善待自己的事情應有盡有、一應俱全。
3. 給孩子 10 分鐘的時間，利用所準備的文具用品，替自己的自我照顧夢幻假期創作一幅廣告。
4. 讓孩子分享自己的廣告，並說明自己為什麼會選擇其中的某些體驗內容。

討論問題

▶ 你的夢幻假期中，最喜歡的是什麼？為什麼呢？

▶ 你夢幻假期中哪些自我照顧的部分，是你今天就可以實現的？

▶ 每天／每星期用一點時間善待你自己，如何幫助你在生理上、心理上和情緒上感覺更好呢？

達人訣竅

▶ 請鼓勵孩子越發揮創意越好。他們這幅廣告的目標，在於說服別人相信，善待自己是一件很重要的事。

▶ 如果你和成員已經很熟了，可以試試看提供一些你覺得能夠引起他們共鳴的圖片。

▶ 如果成員比較活潑外向，可以讓他們以電視或網路廣告的形式介紹自己的廣告。

我是無可比擬的

變得更懂得欣賞我們的身體

級別三
建立自我評價

你將需要用到：筆和紙
全程時間：15 到 20 分鐘
最合適的人數：1 到 6 人

活動帶領

1. 討論一下我們如何往往把自己的身體視為理所當然。

2. 請向成員說明，這個小練習是一次讚賞和感謝我們身體的機會。

3. 讓孩子以舒服的姿勢安頓下來，然後做幾次深呼吸。

4. 請談一談身體的一些基本功能，例如呼吸和消化。

5. 討論一下身體如何能幫助我們達成各種不同的肢體活動。

6. 請引導孩子討論他們自己身體所具有的種種優秀特質，如肢體上的、創意上的和智力上的。他們身體的哪些能力，讓他們出類拔萃呢？

7. 給孩子 1 分鐘的時間反芻一下自己的想法。

8. 請孩子列出他們對自己身體覺得感恩的五件事情，並討論一番。

討論問題

▶ 關於你的身體，請說出經常被你視為理所當然的三件事。

▶ 這項活動讓你如何更懂得欣賞你的身體呢？

▶ 定期對自己的身體表達感謝，如何有助於增進你的自我評價和個人行為呢？

達人訣竅

▶ 在引導討論時，請依你對成員的了解程度，盡可能依各人的情形量身訂製討論話題。

▶ 引導的過程中，請提供短暫的空檔休息，好讓孩子能消化吸收和反芻。

▶ 討論身體的功能時，請特別留意成員所擁有的肢體能力，尤其是本身有肢體障礙的成員。

我的小本子大目標

透過設立目標培養
精進成長的思維

級別三
建立自我評價

你將需要用到：筆、小筆記本或便條紙
全程時間：20 到 25 分鐘
最合適的人數：1 到 6 人

活動帶領

1. 請談一談如何善用目標，和目標如何能在生活中的種種不同層面帶來助益。

2. 討論一下短期目標和長期目標之間的差異。

3. 請孩子在一本小筆記本裡，寫下自己在生活中想改進的部分，然後自己腦力激盪一番，想一想自己能設立什麼樣的目標，來幫助自己達成這些進步。

4. 如果孩子願意，讓他們分享一下自己的目標。請討論一下這些目標，以及如何能改良其中的某些內容。

5. 帶孩子選出自己在筆記本裡列出的某一個改進內容，然後寫下達成進步的短期、中期和長期目標。

6. 要孩子每天簡單寫幾句話，敘述邁向這些目標的進展。

討論問題

▶ 你以前有替自己設立過目標嗎？結果如何呢？

▶ 你覺得你今天所設立的目標，是合理且能夠達成的嗎？為什麼是或為什麼不是呢？

▶ 設立目標對於提升自我評價可以有什麼助益呢？

達人訣竅

▶ 假如孩子想不太出來合理而具體的目標，可以舉一些例子和孩子先聊一聊。

▶ 如果你能每週或定期和孩子碰面檢視，這個活動的效果會更好。

▶ 請向孩子說明，假如他們沒達到目標也沒關係。有些目標需要滾動式檢討才能更切合實際。

普遍常見的價值觀

辨識個人的價值觀並探索哪些是
青少年常見的價值觀

級別三
建立自我評價

你將需要用到：筆和紙、白板和白板筆
全程時間：20 到 25 分鐘
最合適的人數：2 到 8 人

活動帶領

1. 請定義何謂個人價值，並舉例說明，例如無懼和誠實。
2. 請腦力激盪一起想出一些價值，並討論一下這些價值各是什麼模樣。
3. 談一談為什麼清楚知道並堅守自己的價值，能幫助自己維持且／或增進自我評價。
4. 讓每個孩子在一張紙上列出自己最重視的五大價值。
5. 把作答紙收回來，歸納出所有成員最普遍常見的五種價值。
6. 在白板上寫出數字，從 1 寫到 5。
7. 先讓孩子猜一猜哪些是最普遍常見的回答內容，然後再在白板上寫出正確的答案。
8. 討論一下為什麼孩子覺得這些價值這麼重要。

討論問題

▶ 你原本認為哪些會是最普遍常見的價值？

▶ 哪些結果令你很意外呢？

▶ 你每天如何堅守自己的價值？這樣如何提升你的自我評價呢？

達人訣竅

▶ 揭曉答案時，任何合適的方法都很好。你可以讓每個孩子輪流猜一猜，也可以讓過程像機智搶答節目。

▶ 請提供一系列的價值給孩子參考，以拓展孩子的知識。

▶ 揭曉答案時，可以進行一個簡短的暖場活動，尤其是成員人數較多的時候。

肯定卡

利用正面的肯定句，化失敗為助力，
培養精進成長的思維

級別三
建立自我評價

你將需要用到：小卡片（或任何類型的紙張）、筆、彩色鉛
筆、彩色筆
全程時間：15 到 20 分鐘
最合適的人數：1 到 8 人

活動帶領

1. 討論一下，利用正面的肯定句，或光是用積極鼓勵的句子，就能改變負面的自我對話，還能幫助你成長，並在經歷困難的時刻後，繼續往前邁進。

2. 請用「我……」作為開頭舉幾個例子，正視過去所犯的錯誤，或激發出能營造精進成長思維的正面想法，例如「我很堅強」。

3. 請孩子想一想，生活中有哪個層面，或有哪些思維模式，是他們想要改變的。

4. 引導孩子想出一個正面的肯定句，例如「我接受我現在既有的模樣」。

5. 讓孩子把這個肯定句寫在一張小卡片上，如果他們願意，也可以加以裝飾，然後把卡片放在一個遇到困難時很容易取得的地方。

6. 請提醒孩子，越常使用這張小卡片越好——就算是做一些普通的事情時也可以使用。

7. 鼓勵孩子在使用了小卡片時，就記錄在日記裡，並記下這樣是如何增進了他們的自我評價和改變了負面想法。

討論問題

▶ 你為什麼會特別選這句肯定句？

▶ 你打算在什麼時候使用這句正面肯定句呢？

▶ 你認為正面的肯定句，如何幫助你建立自我評價和打造一個更正面的未來呢？

達人訣竅

▶ 請盡量提供很多不同的正面肯定句，讓孩子能從中挑選出和他們真正有共鳴的一句。

▶ 可以舉例說明正面肯定句特別有幫助的時刻，例如覺得自己能力不如別人的時候。

第三章

溝通技巧

　　溝通技巧就是我們用來了解彼此的工具。體驗式的活動，是引導青少年投入互動的一種絕佳方法，同時又能學習、練習和培養溝通技巧。

　　我們都知道，溝通是維繫專業上和私底下人際關係所不可或缺的一種技能。而人在青少年時期才正要開始建立這項技能。趁早學習有效而妥適的溝通方法，能協助青少年長成一個更自主、更自信，且更能自我覺察的成人。

　　這一章的活動一共分為三種級別：「基本溝通」（級別一）、「溝通的類型」（級別二），和「日常生活中的溝通」（級別三）。級別一的活動可用來練習平常基本的一些溝通技能。級別二的活動可帶領孩子更進一步認識溝通的細膩性。級別三能帶孩子練習把自己的溝通技能實際應用在一些常見的情境。

主動傾聽

利用主動的傾聽來更認識別人

級別一
基本溝通

你將需要用到：不需要任何用品
全程時間：15 到 20 分鐘
最合適的人數：2 到 10 人

活動帶領

1. 請把主動的傾聽定義為「一種把重點放在觀察和記住對方的說話內容，以更了解對方所要傳遞的訊息」的傾聽技巧。請舉一些例子說明主動傾聽的技巧，例如注視對方的雙眼和複述對方所說的內容。

2. 請孩子示範主動和／或不佳的傾聽技巧。

3. 讓孩子兩兩一組搭檔，指示其中一人自我介紹，另一人則主動傾聽。給自我介紹的孩子 3 分鐘的時間發言。

4. 3 分鐘後，請主動傾聽的孩子向其他人介紹自己的搭檔。

5. 兩人角色互換，再進行一次這個流程。

6. 討論一下，主動傾聽如何幫助他們更認識自己的搭檔。

討論問題

▶ 哪些主動傾聽技巧讓你覺得很有挑戰性？或很簡單？

▶ 你自我介紹的時候，你的搭檔主動傾聽你說話，你有什麼樣的感覺？

▶ 主動傾聽如何幫助你在溝通上變得更得心應手？

達人訣竅

▶ 可以的話，多讓孩子和他們不太熟悉的對象配對搭檔。

▶ 可以列舉出一系列孩子可用來介紹自己的內容，以鼓勵孩子更踴躍發言。

▶ 活動結束後，可以特別舉出一些你所觀察到的主動傾聽正面例子。

猜猜我的情緒

利用非言語的溝通方式演出情緒

級別一
基本溝通

你將需要用到：不需要任何用品
全程時間：15 到 20 分鐘
最合適的人數：2 到 10 人

活動帶領

1. 請定義何謂非言語的溝通，並強調這和我們所使用的言語是同等重要的。

2. 請舉一些例子說明何謂非言語的溝通，例如緊握拳頭以表達憤怒挫折，或手臂交叉抱在胸前以表示不願再傾聽。

3. 請一個孩子演出一種情緒，不可以使用任何言語或聲音。讓其他人來猜猜這是什麼情緒。

4. 讓每個孩子都有幾次機會演出一些不同的情緒。

5. 討論一下，理解和辨識非言語的溝通，如何幫助孩子在互動時變得更有同理心和更「頻率一致」。

討論問題

▶ 請說說哪次，別人都還沒開口，你就先察覺到了對方的感受。當時你察覺到了什麼呢？

▶ 你是否記得有哪次，你的非言語溝通傳遞出了相反的訊息呢？

▶ 更充分意識到非言語的溝通，如何讓你更能夠對別人感同身受呢？

達人訣竅

▶ 可以不讓孩子自己選擇所要演出的情緒，而是列舉出一系列的各種情緒，分派給各個孩子。

▶ 可以讓孩子兩兩一組搭檔來演出某些情緒。

▶ 有孩子猜出正確的情緒時，可以問問他是根據什麼非言語線索猜出來的。

守住糖果

利用堅定表達自己的
立場來達成目標

級別一
基本溝通

你將需要用到：糖果或任何其他令人心動的物品（每個孩子大約 5 件物品）
全程時間：15 到 20 分鐘
最合適的人數：2 到 8 人

活動帶領

1. 利用三個 C——也就是自信（confidence）、清楚（clarity）和掌控（control）——來定義並舉例說明何謂堅定表達自己的立場。

2. 請孩子腦力激盪想出一些堅定表達自己立場的例子，然後討論一下每個例子：它們是真正的堅定表達自己，還是其實是被動或霸道的？

3. 請發給一個孩子幾顆糖果。給予其他孩子各 1 到 2 分鐘的時間，說服這位孩子把糖果送給他們。要求有糖果的孩子堅定表達自己的立場以守住糖果。

4. 時間到了以後，讓孩子們簡單談談這次體驗。

5. 讓其他每個孩子輪流握有糖果，並堅定表達自己的立場以守住糖果。

6. 討論一下整個活動過程中所運用到的各種不同溝通方式。

討論問題

▶ 其他人向你索討糖果時，你有什麼感受？你是如何展現堅定表達自己的立場呢？

▶ 請說說你以前有沒有哪一次，堅定表達自己的立場，應該會比霸道或被動的方式來得有效。

▶ 學會堅定表達自己的立場，有哪些好處呢？

達人訣竅

▶ 假如活動過程中，有孩子變得不開心或霸道，請很快喊一個「暫停並個別關心」的中場時間，以轉換團體的氣氛。

▶ 每次 1 到 2 分鐘的索討時間結束後，你都可以舉出你所觀察到的，展現了絕佳堅定表達自己立場的一句佳句或優良行為。

誠心道歉

鼓勵孩子以正式而鄭重的態度道歉

級別一
基本溝通

你將需要用到：裡面裝有銅板的塑膠扭蛋（或其他能讓孩子們互相丟擲的東西）
全程時間：10 到 15 分鐘
最合適的人數：4 到 14 人

活動帶領

1. 談一談正確和錯誤的道歉方式。請舉出一些良好的例子，譬如態度真誠和不找藉口。
2. 讓孩子兩兩一組搭檔，排成兩排，彼此面對面，距離大約一公尺。
3. 把扭蛋發送給每一組孩子，要求每一組輪流拋接自己的扭蛋。每次只要接到扭蛋了，這組孩子就各後退一步。
4. 要是有人漏接或丟偏了扭蛋，就請他誠心道歉。
5. 如果你認定這道歉很誠懇，就准許遊戲繼續進行。
6. 如果你無法認定小組中是哪一個孩子失誤，就請雙方都道歉。
7. 如果你認定某人道歉的誠意不足，就請小組先到一旁討論一番。
8. 只剩下一組，或每一組都相隔三公尺時，遊戲就宣告結束。
9. 請被要求先到一旁的孩子，討論一下為什麼他們的道歉不夠誠懇，以及能夠如何改善。

討論問題

▶ 請形容一下，在遊戲過程中向隊友道歉是什麼感覺。
▶ 有人向你道歉時，怎樣能讓你覺得很誠懇呢？
▶ 為什麼誠心道歉是一種很重要的溝通技巧呢？

達人訣竅

▶ 每個小組每次誠心道歉完以後就能繼續遊戲，但你也可以限制組員道歉的次數，一旦超過這個次數就算出局。
▶ 假如你們的遊戲場地比較小，可以考慮增加每次拋接的困難度。比方說，可以要求小組中的兩個孩子都只以單腳站立。

能請你再說清楚一點嗎？

請求澄清以理解別人在說什麼

級別一
基本溝通

你將需要用到：不需要任何用品
全程時間：20 到 25 分鐘
最合適的人數：2 到 10 人

活動帶領

1. 請定義何謂澄清式的提問，並討論一下，澄清提問如何能有助於更了解某人在說什麼。
2. 請討論澄清提問的特徵：這種提問很明確，會簡述對方所說的內容，而且會坦白承認自己不明白，不會怪罪任何人。
3. 讓孩子兩兩一組搭檔。指示其中一個孩子聊聊自己個人的某個興趣，而且是另一個孩子所不太知道的，例如自己最喜歡的歌手。鼓勵另一個孩子提一些澄清的問題。給他們 3 到 4 分鐘的時間討論。
4. 交談結束後，請傾聽的孩子談談自己所提的澄清問題，是如何幫助他們更了解對方所說的內容。
5. 把角色對調，再來一次。

討論問題

▶ 澄清式的提問，如何幫助你更加了解這段對話呢？哪些澄清的提問讓你覺得最好用？

▶ 別人向你提出澄清的問題時，你有什麼感覺？

▶ 澄清的提問有時候特別有幫助，請舉出幾個這種時刻吧。

達人訣竅

▶ 如果成員對這個概念不太熟悉，可以讓兩個孩子先進行這個活動，其他人則從旁觀看。互動結束後再討論一番。

▶ 假如想把這變成一個一對一的活動，請聊一個可供孩子提澄清問題的主題。

▶ 要是有孩子不太能理解這個概念，可以提供一系列參考用的澄清問題。

根據對象而說話

檢視孩子在面對不同對象時，
溝通方式有何不同

級別二
溝通的類型

你將需要用到：紙、筆、彩色鉛筆
全程時間：20 到 25 分鐘
最合適的人數：1 到 6 人

活動帶領

1. 描述一下，我們面對不同類型的人時 —— 朋友、父母、老師、老闆等等 —— 溝通方式有什麼不同。
2. 討論一下，為什麼我們面對不同的對象時，溝通方式也跟著不同。
3. 請孩子演出一、兩個情境，重現他們對不同類型對象的說話方式。
4. 請孩子畫幾幅漫畫，呈現出他們在不同情境時都是怎麼溝通。
5. 讓孩子展示介紹自己的漫畫作品，並討論一番。

討論問題

▶ 你和不同類型的對象說話時，說話方式上有哪些最大的不同？

▶ 你和哪些類型的人溝通起來最吃力？為什麼呢？

▶ 為什麼在溝通時聽懂對方的說話內容，是一件很重要的事呢？

達人訣竅

▶ 如果時間允許，可以讓孩子們演出不適當的溝通方式（例如和老闆說話時，把老闆當成朋友一樣）。

▶ 必要時，可以提供範例情境和說些鼓勵語句，作為畫漫畫的參考。

▶ 隨著成員人數和可供活動的時間長短不同，你也可以跳過畫漫畫的部分，增加角色扮演的部分。

是被動、堅定表達自己的立場，還是霸道呢？

了解被動式溝通、霸道式溝通和堅定表達自己立場之間的差異

級別二
溝通的類型

你將需要用到：紙、打洞器、一長條繩子、封箱膠帶或其他強力的膠帶
全程時間：15 到 20 分鐘
最合適的人數：3 到 6 人
事前準備：在小紙片邊緣處打洞（成員每人至少 3 張小紙片），然後用 1 條繩子串起來。

活動帶領

1. 請定義並舉例說明何謂被動式溝通、霸道式溝通和堅定表達自己立場。
2. 發送空白小紙片給孩子們，請他們就這三種溝通方式，自己舉例寫下來。
3. 把繩子懸掛起來並固定在孩子觸碰得到的地方。
4. 要每個孩子從繩子取下一張紙片，大聲唸出紙上所寫的句子。請這位孩子猜猜這句話所描述的是哪種類型的溝通方式，然後讓其他成員發表回饋意見。
5. 如此繼續，直到所有紙片都被取下為止。

討論問題

▶ 哪些句子很難判斷？怎麼說？
▶ 你發現你最常使用哪種類型的溝通方式呢？
▶ 認識有效的堅定表達自己立場的溝通方式，如何幫助你傳達你所想傳達的訊息呢？

達人訣竅

▶ 假如沒有繩子，可以把小紙片朝下放置成一疊。
▶ 問問孩子，為什麼他們會認為某句話是被動、堅定表達自己的立場或霸道的。

儀態會說話

了解身體儀態對溝通的影響

級別二
溝通的類型

你將需要用到：不同類型儀態（快樂、警戒、生氣等等）的人物圖片、白板和白板筆、膠帶
全程時間：20 分鐘
最合適的人數：1 到 6 人
事前準備：把常見的身體儀態圖片貼在白板上

活動帶領

1. 談一談非言語的溝通，以及儀態和肢體語言在我們的溝通方式上，扮演了多麼重要的角色。

2. 舉個例子說明儀態和我們試圖表達的內容兩者有所矛盾的情形。比方說，告訴孩子，你對他們所說的內容很感興趣，但你站著的時候卻是手臂交叉抱在胸前。問問孩子，你的儀態透露了什麼。

3. 請一個孩子上前到白板前，挑選一張圖片，然後在圖片旁寫下圖片中儀態所傳遞出的訊息。讓孩子解釋一下自己的回答內容。

4. 如此繼續，直到所有圖片都挑選完畢為止。

5. 討論一下結果。

討論問題

▶ 哪些圖片最難判斷？怎麼說？

▶ 請說說哪次，某人的儀態讓你覺得很不自在。當時對方在做什麼呢？

▶ 你能夠如何更覺知到自己的儀態，以確保你的溝通是有效的呢？

達人訣竅

▶ 如果時間允許，可以給孩子一個機會演出和情緒相關的一些儀態。然後讓孩子很快「修正」這個儀態，以傳遞出尊重、自信等等。

用眼睛聆聽

檢視非言語溝通的影響和傾聽技巧

級別二
溝通的類型

你將需要用到： 不需要任何用品
全程時間： 15 分鐘
最合適的人數： 4 到 16 人

活動帶領

1. 讓孩子們面對你，站著排成一排。
2. 請喊出一系列他們能快速完成的簡單指令。例如：「雙手扠腰、手摸腳趾、雙手舉高高。」（你自己也必須遵循這些指令。）
3. 喊出五個指令後，請再喊一個，但這次你自己並不遵循。譬如，你可以說：「手摸肚子。」但你卻雙手摸額頭。
4. 只要有人沒照著你的口號指令去做，你就跟他們說他們出局了。
5. 重複這個流程，直到隊伍裡只剩下一個孩子。
6. 帶領成員討論一下這個活動。

討論問題

▶ 你在這個活動中遇到什麼樣的考驗？

▶ 為什麼你認為看到某件事可能比聽到來得容易一些？

▶ 有讓人分心的外在事物時，為什麼當一個好的傾聽者顯得更難能可貴了？

達人訣竅

▶ 如果時間允許，可以讓自願的孩子擔任主持人的角色。

▶ 可以依據成員的反應，調整你喊出指令的速度。

▶ 請提供非常大量的鼓勵和正面讚許，尤其是給那些不太能接受自己「出局了」的孩子。

運用「我」敘述句

練習運用「我」敘述句來
堅定表達自己的立場

級別二
溝通的類型

你將需要用到：事先準備好的情境劇本
全程時間：15 到 20 分鐘
最合適的人數：3 到 8 人
事前準備：請列印出一系列「我」敘述句可派上用場的劇本，
例如內心受傷了或和爸媽吵架了。

活動帶領

1. 討論一下，一個令人不高興或挫折的情境，可能使人很難用堅定表達自己立場的方
   式溝通。

2. 請把「我」敘述句定義為一種把重點放在述說者的感受或觀點——而不是放在對方
   在做什麼——的溝通方式。請舉例說明，例如：「我們約好碰面的時間，你卻遲到
   了，我感到很不高興又失望。」

3. 請兩個孩子到前面來，演出一個常見的令人挫折的情境。

4. 過了 1 到 3 分鐘後，暫停角色扮演，讓成員討論一番，並提出一些可以適用於這個
   情境的「我」敘述句。

5. 在時間允許的範圍內，每個情境劇本都進行一次這個流程。

討論問題

▶ 角色扮演中，有哪些是負面溝通的例子？

▶ 如果多運用「我」敘述句，會如何改變這每個情境劇本的結局呢？

▶ 運用「我」敘述句有哪些好處？尤其是在你生氣、挫折或不高興的時候？

達人訣竅

▶ 請務必確保角色扮演的過程中，孩子並未逾越某些界線，免得觸發某些孩子既有的
  心理創傷或憤怒往事。

▶ 可以隨意中斷某場角色扮演，讓孩子插入一個能改變這場角色扮演走向的「我」敘
  述句。

團體辯論

在團體中練習堅定表達自己的立場

級別三
日常生活中的溝通

你將需要用到：不需要任何用品
全程時間：20 到 30 分鐘
最合適的人數：4 到 12 人

活動帶領

1. 把孩子分成兩隊。請向孩子說明，他們即將參加一場簡短的辯論賽，根據某個主題替自己的隊伍辯論。

2. 請在辯論開始前，先把基本規則講清楚，例如參與者的說話音量必須維持適中，並且保持尊重的態度。

3. 請提供一個簡單的辯論主題，例如「今天的天氣很好」，並分別指派辯論的正方和反方。兩隊的辯論時間最多可達 5 分鐘。

4. 接下來，請挑選一個挑戰性更高的主題，例如「我們學校的服裝需要一定程度的統一」。兩隊的辯論時間最多可達 7 分鐘。

5. 請在一些適當的時刻讓辯論暫停，以點出孩子們在堅定表達自己立場時的一些正面和負面運用方式。

6. 讓孩子們討論一下這場體驗。

討論問題

▶ 辯論這些主題的時候，你遇到什麼樣的挑戰呢？

▶ 辯論時，哪些類型的溝通方式似乎效果最好？

▶ 堅定表達自己的立場如何能在日常生活中，幫助你妥善傳達出你想傳達的訊息呢？

達人訣竅

▶ 如果你很熟悉這些成員，在分隊時可以讓兩隊中善於堅定表達自己的孩子盡量均勻分配。

▶ 請避免爭議性的主題。本活動的目標是練習溝通，而非激辯「熱門話題」。

▶ 舉例討論正面／負面的溝通方式時，請務必確保孩子使用的是「我」敘述句，以便把怪罪或人身攻擊降到最低。

眼神交會

練習眼神交會並了解它
在日常溝通中的重要性

級別三
日常生活中的溝通

你將需要用到：不需要任何用品
全程時間：20 分鐘
最合適的人數：4 到 10 人

活動帶領

1.　請定義並討論何謂眼神交會。讓成員腦力激盪想一想它為什麼可能很重要。
2.　讓孩子兩兩一組搭檔，請向他們說明，他們接下來將做幾個小練習，練習和彼此眼神交會。
3.　請孩子們在眼神交會的情況下，話題不拘，隨意聊天 30 秒。
4.　接下來，請給孩子們一個明確主題，並要他們在保持眼神交會的情況下，討論這個主題達 3 分鐘的時間。
5.　請搭檔中的其中一人，在保持眼神交會的情況下，談談一段自己感到尷尬的經驗。過了 1 到 2 分鐘後，讓兩人對調角色。
6.　最後，請孩子們在眼神交會的情況下，保持沉默 1 分鐘。
7.　請所有成員討論一下自己的這場體驗。

討論問題

▶　哪一種眼神交會的活動對你來說最困難？最簡單的又是哪一種呢？
▶　你說話時，你的搭檔和你保持眼神交會，你有什麼感覺？
▶　面對面溝通時，眼神交會為什麼是一件重要的事呢？

達人訣竅

▶　對某些孩子而言，這個小練習會有難度。請在整個活動過程中多說些鼓勵的話語。
▶　請根據成員的溝通技巧程度，適度縮短或增加活動中各個步驟的過程時間。
▶　可以討論一下某些社會文化對眼神交會的不同看法。

請給我一點回饋意見吧

給予和獲取回饋意見
以完成一項任務

級別三
日常生活中的溝通

你將需要用到：原子筆或鉛筆、紙
全程時間：20 到 30 分鐘
最合適的人數：2 到 8 人

活動帶領

1. 讓孩子們兩兩一組搭檔，一人擔任「教練」，一人擔任「繪者」。

2. 請教練畫一個簡單的圖形，譬如一個八角形或一段彎彎曲曲的線條。

3. 要求教練一步一步教導繪者畫出這個圖形，但別透露它到底是什麼圖形。請告訴繪者，別讓教練看到自己所畫的圖畫。

4. 這個過程可以進行 2 到 3 分鐘。

5. 然後請教練看一看繪者所畫的圖畫，並提供回饋意見，說一說圖畫與圖形的相似程度有多少（但依然不透露所想要畫出的到底是什麼圖形）。

6. 讓活動再繼續進行 2 到 3 分鐘。

7. 要兩人一起看一看最後的圖畫，並和所想要畫出的圖形比較。

8. 讓兩人角色互換，用不同的圖形再進行一次這個流程。

討論問題

▶ 請問教練們，你覺得你所給的回饋意見有幫助嗎？

▶ 請問繪者們，你得到回饋意見後，有什麼感覺呢？

▶ 給予和獲取回饋意見，如何幫助了你們更順利完成任務呢？

達人訣竅

▶ 請務必仔細觀察監控教練們是如何給予回饋意見，以及繪者們是如何獲取這些意見。

▶ 請根據畫出某圖形所需要的技巧程度，適度調整回饋意見橋段的時間長度和次數。

透過遊戲來溝通

透過休閒活動探索
不同的溝通風格

級別三
日常生活中的溝通

你將需要用到：一些簡單遊戲所需要的用品（例如撲克牌、井字遊戲、吊死鬼猜單字遊戲）
全程時間：15 到 20 分鐘
最合適的人數：4 到 12 人

活動帶領

1. 讓孩子玩一玩你所提供的一些遊戲，時間可達 15 分鐘。請仔細觀察他們是如何互相溝通。

2. 「自由遊戲」的時間結束後，請介紹這句相傳是出自柏拉圖的名言：「如果想認識一個人，和他遊戲一小時，勝過和他交談一輩子。」請討論一下這句話的意涵。

3. 請孩子討論一下，剛才遊戲的過程中，他們對彼此有了什麼樣的認識。

4. 請分享你所觀察到的現象。例如「〔名字〕似乎競爭心很強」或「〔名字〕喜歡逗別人笑」。

5. 讓孩子總結一下自己從這場活動中學到了什麼。

討論問題

▶ 你同意柏拉圖的這句話嗎？為什麼同意，或為什麼不同意呢？

▶ 請說說哪次，你因為和某人一起遊戲，而更認識了這個人。

▶ 透過這場活動，你對自己和同儕各自的溝通方式，有了什麼樣的認識？

達人訣竅

▶ 請提供一些能吸引成員的興趣並投入達 15 分鐘的遊戲活動。

▶ 競爭式和非競爭式的遊戲都適用這個活動。

▶ 孩子在談論其他成員時，請鼓勵孩子使用「我」敘述句。

我是大明星！

協助孩子克服他們對公開發言的恐懼

級別三
日常生活中的溝通

你將需要用到：不需要任何用品
全程時間：20 分鐘
最合適的人數：3 到 10 人

活動帶領

1. 討論一下公開發言和成員對這件事的感受。

2. 請孩子聊聊對公開發言的一些常見恐懼，並請提供一些能讓他們更自在的小訣竅。

3. 討論一下，只要透過勤練習，公開發言也能變得越來越容易。請向成員說明，這場活動是一種好玩又有趣的練習小方法。

4. 請自願的人站到其他人面前，開始講故事。必要時，可以用開場白引言，幫故事起個頭。

5. 過了 30 秒後，由發言者從成員中選出一人，把故事繼續說下去。

6. 如此繼續，直到每個人都有過開口的機會。

7. 討論一下練習公開發言的感覺。

討論問題

▶ 在大家面前說話，你有什麼感覺呢？

▶ 公開發言的時候，你有什麼樣的恐懼？輪到你說故事時，這些恐懼真的發生了嗎？

▶ 你從這場活動中學到了什麼，讓你以後可以更擅長公開發言呢？

達人訣竅

▶ 可以調整每個孩子說故事的時間長度，以增加或減少練習。

▶ 故事起頭的開場白，最好能盡量有趣好玩。例如：「阿柏走在馬路上，忽然發現一個袋子，裡面裝了一大堆奇奇怪怪的東西。裡面的東西有⋯⋯」

▶ 假如孩子在大家面前腦袋一片空白呆住了，請多多給予鼓勵，並重新替故事引言開場。

第四章

壓力的管理

　　壓力是一種生理反應，往往在我們被逼得逾越了自己的極限，或在我們覺得自己脫離了原本舒適圈的時候浮現。它有可能驅使我們表現得更好，也可能令我們動彈不得而停滯原地。青少年時期充滿了各式各樣的事件，經常挑戰著青少年舒適圈的界線。

　　學習如何管理壓力，能讓青少年駕馭這種力量強大的反應，用更有生產力的方式思考和行動。他們不須再感到困頓無助或無力招架，而是能學著克服挑戰，並從容迎接新的挑戰。

　　這一章的活動一共分為三種級別：「認識壓力」（級別一）、「壓力管理技巧」（級別二），和「減少日常生活中的壓力」（級別三）。級別一的活動在於協助孩子更進一步意識到自己的壓力及壓力所帶來的影響。級別二所教導的實用活動可有助於管理壓力。級別三的活動能協助孩子把壓力管理技巧應用到日常生活中。

好壓力和壞壓力

探索常見的壓力因子，
分辨好壓力和壞壓力

級別一
認識壓力

你將需要用到：筆和紙、白板
全程時間：15 到 20 分鐘
最合適的人數：1 到 6 人

活動帶領

1. 請定義何謂壓力，並討論一下壓力為什麼是生活中的常態——尤其是在青少年的生活中。

2. 給孩子 1、2 分鐘的時間，想一想並列舉出自己生活中的壓力因子。

3. 請定義好壓力為短期的壓力因子，能驅使我們保持專注並讓自己的表現越來越好，例如展開一個新工作。

4. 請定義壞壓力為長期慢性的壓力因子，會導致焦慮和種種不舒服的情緒，並可能使自己的表現打折扣，例如家中持續出狀況。

5. 請把白板分隔成兩大區域：好壓力和壞壓力。

6. 請孩子從自己的壓力因子中選出三個，寫到白板上。

7. 討論一下這場活動的結果。

討論問題

▶ 好壓力和壞壓力要怎麼區分呢？

▶ 你從這場活動中，看出了哪些常見的壓力因子？

▶ 認識好壓力和壞壓力，能幫助你如何更有效地應對壓力呢？

達人訣竅

▶ 請多提供一些好壓力和壞壓力的例子，以協助孩子掌握這個概念。

▶ 假如有孩子不願意討論自己的壓力因子，可以用匿名的方式蒐集一些例子，然後讓孩子來分類。

▶ 請向孩子解釋，每個人對壓力的反應都不同，因此每個回答內容都是因人而異。

是什麼事讓我壓力很大？

一個吸引孩子投入並讓他們
談談常見壓力因子的遊戲

級別一
認識壓力

你將需要用到：氣球、麥克筆
全程時間：15 到 20 分鐘
最合適的人數：3 到 9 人
事前準備：吹起幾個氣球，在每個氣球各用麥克筆寫上常見的青少年壓力因子（例如學校、家人、未來、人際關係）。

活動帶領

1. 讓孩子們站成一個圈。告訴他們，要互相合作，別讓氣球掉到地上。
2. 一開始先用一、兩個氣球就好，等成員們漸漸上手後再增加氣球數量。
3. 只要有氣球掉到地上，就暫停活動，並唸出氣球上的文字。
4. 請每個孩子在看到氣球上的文字後，舉出一個相對應的壓力因子例子（個人的或一般的都可以）。
5. 重新進行活動，如此繼續，直到所有壓力因子都討論完為止。

討論問題

▶   圈子裡氣球數量變多的時候，你有什麼感覺？
▶   成員們提到了哪些常見的壓力因子呢？
▶   認識你生活中的壓力因子，如何幫助你更有效地應對壓力呢？

達人訣竅

▶   如果同一個氣球掉在地上好幾次也沒關係——請提醒孩子，假如他們想不出個人的例子，也可以說些一般性的回答。
▶   孩子們彼此之間站的距離，可以更近，也可以更遠，都能讓這個活動變得更有趣。
▶   孩子們「手忙腳亂」拋接氣球的時候，可以提醒他們，有時候壓力可能會顯得令人招架不住或無法管理，而這個遊戲正是想呈現這種感覺。

壓力對我身體的影響

檢視壓力如何顯露在身體上

級別一
認識壓力

你將需要用到：紙、彩色鉛筆（綠色、黃色和紅色）
全程時間：15 到 20 分鐘
最合適的人數：1 到 8 人

活動帶領

1. 討論一下壓力會以哪些不同方式對身體造成影響。

2. 請孩子想一想某件讓他們壓力很大的事情，然後（以不帶批判的方式）覺察一下自己的身體是否有任何緊繃、緊張或其他形式的感覺（1 到 2 分鐘）。

3. 讓孩子用一點時間重新習慣四周的空間。

4. 請孩子畫出一張自己身體的輪廓，把自己身體因為剛才想到的事情而受到壓力影響的部位塗上顏色。孩子可以用綠色代表沒有感覺，用黃色代表少許緊繃或緊張，用紅色代表明顯的緊繃、緊張或其他感覺。

5. 讓孩子分享心得和討論一番。

討論問題

▶ 你身體的哪些部位受到壓力的影響最大？你有什麼樣的感覺呢？

▶ 身體受到壓力影響的部位，最常見的有哪些呢？

▶ 學習覺察身體對壓力的反應，如何幫助你更善於判斷壓力的程度呢？

達人訣竅

▶ 關於想出壓力因子的橋段，請把重點放在中等程度的壓力因子就好，免得引發孩子不適。請提供一些例子。

▶ 請提醒孩子，回答內容沒有對錯之分，每個人經歷壓力的方式都不一樣。

▶ 如果無法另外單獨私下給予支持，這個活動可能不適合正在面對嚴重心理創傷或喪親之痛的孩子。

拖延的壓力

察覺到拖延如何導致或加重壓力

級別一
認識壓力

你將需要用到：簡單的拼圖、文字遊戲，或其他具有挑戰性的活動。
全程時間：20 到 25 分鐘
最合適的人數：1 到 8 人

活動帶領

1. 給每個孩子一組拼圖或其他活動，並設定一個不足以讓孩子完成該活動的時間限制。
2. 跟孩子說「開始」，並告知時間流逝的情形。例如「你只剩 1 分鐘」。（這是用來模擬拖延的壓力。）
3. 時間結束的時候，把活動終止。問問孩子有什麼感受。
4. 讓孩子挑一組新的拼圖或其他活動。
5. 重新設定時間，這次給予孩子充足的完成時間。
6. 多說很多鼓勵的話語，例如：「你表現得很好，慢慢來，專心做。」
7. 在所設定的時間結束時，或每個孩子都完成了活動時，就宣告活動終止。
8. 討論一下孩子這次有什麼感受。聊聊給予充分的時間來完成任務，如何能降低他們的壓力。

討論問題

▶ 你在完成活動的時候，我不斷倒數計時，你有什麼感受呢？
▶ 時間比較多，而壓力比較少的情況下，是否比較容易完成活動呢？
▶ 拖延會如何在你生活中造成不必要的壓力呢？

達人訣竅

▶ 挑選活動時，請選擇對孩子而言既吸引人投入又具有挑戰性的活動。拼圖很合適，但走迷宮或「大家來找碴」之類的活動也適用。
▶ 這個活動的第一部分結束後，請仔細監控孩子挫折的程度，並請多加鼓勵，好讓孩子願意繼續投入活動的第二部分。
▶ 成員人數較多時，可以考慮讓孩子兩兩一組搭檔。

追求完美的壓力

了解完美主義會如何帶來壓力，並協助孩子擁抱自己的「不完美」

你將需要用到：白板和白板筆
全程時間：15 到 20 分鐘
最合適的人數：2 到 8 人

級別一
認識壓力

活動帶領

1. 請定義何謂完美主義，並討論它如何可能導致不切實際的期待和壓力。
2. 請列出一系列青少年在追求完美時的不切實際理想。把它們寫在白板上。
3. 釐清這些期望是從何而來，然後把它們寫在白板的另一個區域。
4. 請孩子舉出具體的例子說明這每一種期待所會造成的壓力。
5. 討論一下，接納不完美和放下完美主義，如何能迎向更有生產力且更專注的生活。
6. 請孩子分享一項他們所接納的自身不完美。
7. 請向孩子說明，接納一些不完美並不代表自暴自棄。這樣反而是一次擁抱差異和善待自己的機會。

討論問題

▶ 哪些期待讓你壓力最大？
▶ 哪些人、事或情境讓你覺得「不完美」？
▶ 接納你自己的一些不完美，如何幫助你管理壓力？

達人訣竅

▶ 請安排充分的時間討論為什麼某些期待是不切實際的。
▶ 在談論別人如何懷抱不切實際的期待時，請鼓勵孩子保持尊重的態度。
▶ 某些看似不切實際的期待，例如在學校表現優異，其實是可以達成的。可以討論一下不切實際期待和高度期待之間的差異。

表情符號紓壓球

製作紓壓球並學會
何時能讓它們派上用場

級別二
壓力管理技巧

你將需要用到：氣球、小蘇打粉、潤髮乳、碗盆、剪刀、空的塑膠水瓶、麥克筆或白板筆
全程時間：15 到 20 分鐘
最合適的人數：1 到 6 人
事前準備：事前先做好一個紓壓球，作為完成品的參考樣本。

活動帶領

1. 討論一下紓壓球如何有助於釋放緊張能量、讓你轉移注意力，以及減少壓力荷爾蒙的分泌。

2. 請一面說明以下步驟一面示範，邀孩子製作出自己的紓壓球：
   - 在碗盆裡放入兩匙小蘇打粉。
   - 加入大約半杯潤髮乳，攪拌均勻。
   - 把一個空的塑膠水瓶截掉上部三分之一。（這將充當漏斗）
   - 把氣球套在瓶口。
   - 在剩下的三分之二塑膠水瓶裡，加入先前調勻的小蘇打粉和潤髮乳。
   - 用湯匙把調勻的小蘇打粉和潤髮乳填入氣球裡。
   - 確認氣球內沒有空氣後，就可以把氣球打結綁好。
   - 用麥克筆或白板筆畫上裝飾的表情符號。

討論問題

▶ 你在自己的紓壓球上畫了什麼表情符號？為什麼呢？

▶ 什麼時候能利用紓壓球幫助你管理壓力或轉移注意力呢？

達人訣竅

▶ 潤髮乳分量的多寡會決定紓壓球捏起來有多 Q 彈。

▶ 可以用一點時間討論紓壓球的好處，以及適用的時機。

三種應對技巧

學習一些簡單的壓力管理技巧

級別二
壓力管理技巧

你將需要用到：筆、紙、瑜伽墊（如果有的話）
全程時間：15 到 20 分鐘
最合適的人數：1 到 8 人

活動帶領

1. 和孩子討論一下，他們覺得壓力大的時候都怎麼辦。請把應對技巧定義為一個人用來面對令人有壓力的情境所刻意採取的一些方法。請舉一些例子。
2. 請介紹以下的應對技巧，並給孩子練習的機會：
   - 寫札記：請向孩子說明，把壓力因子寫下來，可以幫助我們釐清自己的想法和情緒。讓孩子用 3 到 4 分鐘的時間，寫一個令人有壓力的情境。
   - 簡單的瑜伽姿勢：如果空間夠大，可以讓孩子練習「攤屍式」。讓孩子仰躺在地上，雙腿靠攏，但不互相碰觸。手臂放在身體兩側，手心朝上。閉上雙眼（如果孩子可以接受的話）。讓孩子練習這個姿勢 3 到 5 分鐘，把重點放在呼吸上，同時讓注意力短暫停留在身體的各個部位。
   - 列出待辦事項：請向孩子說明，這種常見的活動其實可以幫助戰勝壓力，因為可以把千頭萬緒的情境，分割成比較容易上手的小區塊。而且每完成一個事項，就可以小小慶祝一下。

討論問題

▶ 哪一種應對技巧最有效呢？
▶ 把應對技巧應用到日常生活中，如何幫助你管理壓力和改善心情呢？

達人訣竅

▶ 可以根據成員的進度，增加或減少各項活動的時間長短。
▶ 歡迎使用其他你認為會和成員更有共鳴的不同應對技巧。
▶ 如果時間允許，可以讓孩子示範自己心目中的正面應對技巧。

漸進式放鬆

學習一個有助管理壓力的放鬆技巧

級別二
壓力管理技巧

你將需要用到： 不需要任何用品
全程時間： 20 到 25 分鐘
最合適的人數： 1 到 5 人

活動帶領

1. 討論一下，我們在壓力大的時候，生理上和心理上會出現一些什麼樣的反應。問問孩子，放鬆如何能減緩壓力，而他們又是用什麼方式讓自己放鬆。

2. 給孩子 1、2 分鐘的時間感受一下自己此刻的感覺。請他們從等級 1 到 5 評估一下自己的壓力程度（5 代表壓力非常大）。

3. 引導孩子進行以下的漸進式放鬆練習。

    - 請以舒服的姿勢安頓下來（站著或躺下來都可以）。
    - 把注意力放在你的呼吸上 1、2 分鐘，單純地吸氣和吐氣。
    - 請想像在你的頭頂上，有個讓人安心平靜的光體。你希望它是什麼顏色都可以。
    - 這個光體開始從你的頭頂注入你的身體裡。
    - 請想像這個光注滿你的雙腳，接著注滿你的腳踝……（如此繼續說出身體的每個部位，直到全身上下都注滿了這個讓人安心平靜的光。）
    - 用 1 分鐘的時間，單純觀想你全身注滿了這個讓人安心平靜的光。
    - 做幾次深呼吸，然後讓自己重新適應四周的環境。

討論問題

▶ 請描述一下你在這個活動過程中的感覺。

▶ 活動結束後，你注意到自己的身體有哪些不一樣呢？

▶ 請舉一些例子說說這個放鬆技巧什麼時候能為你帶來幫助。

達人訣竅

▶ 請用緩慢而平靜的語調引導孩子。願意的話，也可以播放舒緩的音樂。

▶ 請提醒孩子，就像念頭來來去去，會分心也很正常，只要讓注意力再回到這個練習上就行了。

放下壓力

透過放下壓力因子，
舒緩緊繃感並改善整體的心理狀態

級別二
壓力管理技巧

你將需要用到：繩子
全程時間：20 到 30 分鐘
最合適的人數：3 到 9 人

活動帶領

1. 討論一下，太過專注於壓力因子，有可能使孩子表現不佳，還徒增身體內的緊繃感。
2. 把繩子的一端交給一位孩子。請這位孩子簡短描述自己的一個壓力來源。
3. 讓另外一、兩位成員抓住繩子的另一端，並輕輕拉扯繩子。
4. 請這個孩子再多談談這個壓力因子，成員則更用力一點拉扯繩子。
5. 問問這位孩子是否已經準備好要放下這個壓力。
6. 如果回答「還沒」，就再談一談這個壓力。讓成員再更用力一點拉扯繩子。
7. 再問一次是否準備好要放下壓力了。等到回答「好」了，就讓成員減緩拉扯力道，然後請這位孩子輕輕放下繩子。
8. 請這位孩子描述一下，象徵性地放下一個壓力因子是什麼感覺。
9. 換其他人重新做一次這個小練習。

討論問題

▶ 一面談論你的壓力，一面有人在拉扯繩子，是什麼感覺呢？
▶ 放下繩子後，你的第一個念頭是什麼呢？
▶ 你覺得你有哪個壓力因子是今天就可以放下的？

達人訣竅

▶ 進行這個活動時，請選擇一個空間夠大的安全場地，免得孩子放開繩子時撞到東西。
▶ 請指示孩子，繩子不要拉得太用力，或太突然放開。
▶ 談論壓力因子時，請多說些鼓勵的話語或引導式的提問。

用休閒娛樂來擊敗壓力

探索正面的休閒活動，
以應對壓力和滋養身心

級別二
壓力管理技巧

你將需要用到：筆和紙
全程時間：20 到 25 分鐘
最合適的人數：2 到 8 人

活動帶領

1. 討論一下，我們所選擇用來度過閒暇時光的方式，如何能降低壓力和增進身心平衡。
2. 帶孩子在一張紙上，列出至少七種最喜歡的休閒活動。
3. 要孩子在正面活動旁邊標示一個「＋」，在負面活動旁邊標示一個「－」。
4. 然後要孩子在任何有助於舒緩壓力的活動旁邊，標示一個星號。
5. 讓孩子討論一下自己最紓壓的幾種活動，以及為什麼這些活動能有助於紓壓。
6. 在紙的另一面，請孩子做個計畫，談談下次覺得壓力很大時，打算如何善用正面的休閒活動。
7. 要孩子用這句話當作開頭：「下次壓力很大時，我可以＿＿＿＿。」
8. 然後請孩子具體描述出自己所將採取的步驟。例如：「我可以打電話給朋友，步行去公園，然後打一場一對一籃球鬥牛賽。」

討論問題

▶ 壓力大的時候，你一般最常做些什麼事呢？
▶ 休閒活動如何幫助你舒緩壓力？哪些活動其實反而會增加壓力呢？
▶ 你覺得自己的種種情緒快要無力招架時，一個確實可行的計畫如何帶來幫助呢？

達人訣竅

▶ 在活動的一開始，可以回顧一下何謂休閒，並讓孩子自己想出一些休閒活動的例子。
▶ 可以讓孩子聊聊，自己最喜歡的活動除了有助於管理壓力外，對自己還有哪些其他益處。再進一步搭配說明，這些益處也有助於紓解壓力和增進整體健康。

對未來的憂慮

檢視孩子關於未來的
壓力因子並對症下藥

級別三
減少日常生活中的壓力

你將需要用到：紙、筆、一些不同顏色的螢光筆
全程時間：20 到 25 分鐘
最合適的人數：1 到 5 人

活動帶領

1. 討論一下，憂慮未來會如何導致焦慮和壓力。
2. 聊聊哪些憂慮和壓力是孩子能夠和無法掌控的。
3. 要孩子把一張紙分成四大區，分別標上明天、下星期、下個月和明年。
4. 給孩子幾分鐘時間想一想，然後在每個大類分別寫下可能會導致壓力的事情。
5. 請孩子用一種顏色的螢光筆標示出自己也許能夠掌控的事情，並用另一種顏色標示出自己無法掌控的事情。不確定如何分類的壓力因子就先不標示。
6. 讓孩子分享和討論自己所寫下的內容。
7. 請孩子選出三種他們比較能夠掌控的壓力因子，並寫下他們能用來減緩壓力的方法。

討論問題

▶ 你最憂慮未來的什麼事情，為什麼呢？
▶ 你所無法掌控的事情，你能怎麼應對呢？
▶ 你今天能展開哪些步驟來幫助減緩對未來的壓力呢？

達人訣竅

▶ 請說些引導語協助孩子想出各大類的壓力因子。
▶ 請提醒孩子，沒有錯誤的回答，每個人體驗到壓力的方式都不一樣。

家庭壓力

協助孩子辨識和
討論困難的家庭情境

級別三
減少日常生活中的壓力

你將需要用到：紙、筆、彩色鉛筆
全程時間：15 到 20 分鐘
最合適的人數：2 到 5 人

活動帶領

1. 請談談家人和家人之間的互動如何可能成為壓力的來源。讓孩子舉一些例子。
2. 請孩子用一張圖，畫出家中的每個人，替每個人畫上一些對話泡泡，裡面寫上這些家人使孩子心生壓力而所說的話或所做的事。
3. 請分享並討論每個家人的用意。例如：「我爸一天到晚為了我的成績來煩我。我想他是希望我能念好的大學，才能出人頭地。」
4. 請孩子想出能在這類情境下好好應對家人的方法，並腦力激盪想出一些健康的紓解壓力之道。

討論問題

▶ 在你家裡，哪位成員讓你壓力最大呢？怎麼說？
▶ 有哪些方式能讓你更有效地和這名成員溝通呢？
▶ 你因為家人而感到壓力很大時，有哪些正面的事情能讓你覺得好一些呢？

達人訣竅

▶ 請用引導式的提問，讓孩子對自己的家庭情境自己做出結論。
▶ 談論家人時，請鼓勵孩子使用「我」敘述句。
▶ 討論一下，我們無法控制別人要怎麼做，只能控制我們如何回應別人。也請注意到，有時候，這些反應可能會招致更多的壓力。
▶ 可以用一點時間討論，較難相處的家人有哪些正面的面向。

同儕壓力

探索日常生活中
由同儕所引起的常見壓力

級別三
減少日常生活中的壓力

你將需要用到：名片卡（每人 6 張）、筆
全程時間：20 到 30 分鐘
最合適的人數：2 到 8 人

活動帶領

1. 討論一下，同儕如何能對我們的壓力程度，帶來正面或負面的影響。請孩子舉一些例子。

2. 給每個孩子六張名片卡和一支筆。請他們寫下同儕會做出什麼導致他們心生壓力的事情。

3. 把名片卡收回來，洗牌一番，讓卡片上的回答內容保持匿名。

4. 大聲唸出每張卡片上的內容，請孩子以 1 到 5 的分數（5 代表壓力最大），評比這些情境帶給他們多大的壓力。

5. 請討論一下最常見的回答內容，以及任何可能導致壓力的特殊情境。

討論問題

▶ 你有多少壓力是來自於同儕？你覺得為什麼會這樣呢？

▶ 你可以透過哪些方法來減少同儕所帶來的壓力呢？

▶ 認識了同儕造成的壓力後，你能怎樣更有效地管理這種壓力呢？

達人訣竅

▶ 孩子所填寫的名片卡數量可隨意調整。

▶ 假如有人瞧不起別人的作答內容，請務必介入調解。請向孩子說明，每個青少年感受到壓力的方式各有不同，就算看起來像毫不起眼的小事，也可能帶來很大的壓力。

▶ 假如霸凌是個常見的主題，請參閱本書第八章，有更多相關的活動。

成為抗壓高手

了解到照顧好身體
可以提升自己的抗壓性

級別三
減少日常生活中的壓力

你將需要用到：大型紙張或海報板、筆、彩色鉛筆或彩色筆
全程時間：20 到 25 分鐘
最合適的人數：1 到 6 人

活動帶領

1. 討論一下，孩子照顧好自己的身體，如何能提升自己的抗壓性。
2. 要孩子腦力激盪想一下，自我照顧如何幫助我們在心理上和生理上都感覺更好。
3. 請孩子想出一個抗壓超級英雄，然後畫成一張海報，展示這位超級英雄有哪些自我照顧的超能力，因而能對抗各種不同的壓力因子。（活動成員不止一人時，請孩子合力發想這位超級英雄的外表裝扮，和透過自我照顧所得到的種種超能力。）
4. 請孩子介紹一下自己的海報，並談談他們認為哪些自我照顧策略最有效。

討論問題

▶   你可以用哪些方法提高自己的抗壓性呢？

▶   請舉個例子說說哪次，你因為沒有好好照顧自己，而對壓力表現出負面的反應。

▶   有哪一種自我照顧的策略，是你今天就可以開始應用的？

達人訣竅

▶   假如超級英雄的角色不適合這些成員，也可以讓孩子在海報上畫出自己變成抗壓高手的模樣。

▶   活動結束後，可以討論一下，抗壓性其實並不是什麼超能力，而是更妥善按部就班自我照顧的結果。

▶   請提醒孩子，壓力是一種很常見的事，但他們對壓力的回應方式可以降低壓力的影響。

溫習功課以減少壓力

學習有效的溫習技巧和
考試前的時間管理方式

你將需要用到：筆和紙
全程時間：20 到 25 分鐘
最合適的人數：1 到 6 人

級別三
減少日常生活中的壓力

活動帶領

1. 討論一下，孩子在大考前夕有什麼感覺，又是如何準備小考。
2. 談一談成功的溫習功課習慣如何有助於降低考前的壓力。讓孩子腦力激盪想出一些有效的溫習功課習慣。
3. 請另外提供一些有效溫習功課的小訣竅，例如排除令人分心的事物、保持健康，和善用如增強記憶法之類的記憶小遊戲。
4. 請孩子以書寫回答以下幾個問題：
   - 我理想的溫習空間是什麼模樣？
   - 我每天打算投入多少時間溫習？
   - 認真溫習完某個進度後，我可以怎樣犒賞自己？
   - 哪些溫習小訣竅讓我覺得最有助益？
5. 請孩子利用自己的回答內容，替下次大考的前一週，規劃一個 K 書進度表。讓孩子分享自己的回答內容和進度表。

討論問題

▶ 你認為溫習功課重要嗎？為什麼重要，或為什麼不重要呢？
▶ 這個活動中有哪些溫習功課的小訣竅，讓你覺得最受用？
▶ 考試前按部就班執行你的溫習進度表，如何降低壓力呢？

達人訣竅

▶ 請務必先讓孩子盡可能自己想出各式各樣溫習功課的正面習慣，然後才輪到你提供另外的小訣竅。
▶ 請提醒孩子，每個學生學習的方式都不一樣，因此某些小訣竅可能會感覺起來比其他小訣竅更有效。
▶ 如果時間允許，可以討論一下，哪些溫習功課的習慣可能比較沒有效果。

第五章

憤怒的管理

　　憤怒是一種自然且經常很強烈的情緒，往往是由覺得自己遭挑釁了或被誤解了的感受所引起。憤怒不只是一種心理狀態，它也可以在全身上下實際被感受到。憤怒可能驅動我們改變生活中的負面部分，但也可能引發魯莽且衝動的行為，那就弊大於利了。

　　應對憤怒對青少年來說尤其困難，因為青少年的情緒是更強烈的。他們還在學習如何理性地應對會觸發怒意的情境。不知道該如何以健康的方式發洩怒氣的青少年，可能會衝動發怒，並面臨重大的後果。練習管理憤怒，可以提供具體的工具給青少年，讓他們以具有建設性的方式處理自己的負面感受。

　　這一章的活動一共分為三種級別：「認識憤怒」（級別一）、「進一步檢視憤怒」（級別二），和「減緩憤怒」（級別三）。級別一的活動能給孩子一個機會，由自己對憤怒下定義，看到它對身體和心靈的影響。級別二的活動能幫助孩子找出自己憤怒的來源，並更意識到自己與憤怒的關係。級別三的活動在於幫助孩子應對憤怒，並且在憤怒的當下比較不再覺得不堪負荷。

我面對憤怒的反應方式

察覺面對憤怒的正面和
負面反應方式

級別—
認識憤怒

你將需要用到：筆和紙
全程時間：15 到 20 分鐘
最合適的人數：1 到 8 人

活動帶領

1. 請孩子定義何謂憤怒。討論一下一般人面對憤怒有哪些常見的反應方式。
2. 請孩子把一張紙分成六個不同的區塊。
3. 要孩子在每個區塊寫下一種他們面對憤怒的反應方式。
4. 請孩子判斷一下，這些反應是正面的還是負面的應對憤怒方式。
5. 讓孩子分享並討論自己的發現。
6. 關於負面反應的部分，請孩子想出一個類似但更正面的反應方式。
7. 請討論一下正面的替代方案。

討論問題

▶ 你覺得你應對憤怒最正面的方式是哪一種？最負面又是哪一種呢？

▶ 你如何改變你的負面反應方式呢？

▶ 察覺到你對憤怒的反應方式，未來將如何幫助你應對憤怒呢？

達人訣竅

▶ 可以依據成員能力的不同，自行增加或減少紙面上的劃分區塊。

▶ 假如孩子想不太出來有哪些應對憤怒的技巧，可以大家腦力激盪一起想。

▶ 請提醒孩子，每個人應對憤怒和對憤怒的反應方式都各有不同。

什麼事情會觸發我的怒意？

探索憤怒的來源

級別一
認識憤怒

你將需要用到：筆和紙
全程時間：15 到 20 分鐘
最合適的人數：1 到 8 人

活動帶領

1. 請把會觸發怒意的事物定義為會使人感到生氣、煩躁或憤怒的人、地點或情境。

2. 帶孩子腦力激盪想一想會觸發怒意的常見事物有哪些。

3. 討論一下，就連一些非常普通的情境，例如肚子餓（hungry）、不高興（annoyed）、寂寞（lonely）或疲倦（tired）——有時取字首簡稱為 HALT——也可能引發怒意。

4. 請引導孩子，就這三大類型事物——人、地點和情境——寫出越多會觸發怒意的事物越好。

5. 腦力激盪過後，讓孩子挑選出最容易觸發自己怒意的前五名事物，然後向大家說一說。

6. 討論一下心得。

討論問題

▶ 今天討論到了哪些最常見的會觸發怒意的事物呢？

▶ 在思索會觸發你怒意的事物時，有哪些是連你自己也感到訝異的回答內容呢？

▶ 多認識會觸發自己怒意的事物，在未來如何有助於你管理憤怒呢？

達人訣竅

▶ 準備多一點時間各別想一想每個類別，有可能激盪出更多想法。

▶ 可以為每個類別都提供一些例子，以激發出更多想法。

▶ 請提醒孩子，回答的內容沒有對錯之分。很多因素都可能導致某人發怒。

發怒

辨識發洩怒氣的建設性方式

級別一
認識憤怒

你將需要用到：一些供角色扮演的引導句（如果有的話）
全程時間：15 到 20 分鐘
最合適的人數：2 到 10 人

活動帶領

1. 討論一下，人其實常常會浮現怒意。請孩子舉例說明一些發洩憤怒的方式，包括正面的和負面的方式。
2. 請孩子兩兩一組搭檔。
3. 給每一組搭檔一個常見的情境，例如被忽略或未受到尊重，致使有人因而發怒。要孩子把重點特別放在負面的憤怒發洩方式上。
4. 讓孩子用幾分鐘時間討論一下自己的角色扮演。
5. 每一場角色扮演大約進行 1 到 3 分鐘。
6. 每一場角色扮演結束後，請討論一下，還能夠用什麼更適當的方式應對這個情境。

討論問題

▶ 你今天看到了哪些一般人常見的發怒方式呢？

▶ 有人對你發怒時，你有什麼感覺？

▶ 哪幾場角色扮演最令你意外？為什麼？

▶ 學會以建設性的方式應對發怒的行為以後，你如何更平心靜氣地面對這類情境呢？

達人訣竅

▶ 進行角色扮演前，請先約法三章設定基本規則（例如要尊重別人的個人空間），以確保每個成員都能享有尊重、安全和安心感。

▶ 只要你認為有人變得不開心或有人逾越了你事先設立的基本規則，就請讓角色扮演先暫停。

▶ 請多提供一些引導語和構想，鼓勵每一組孩子想出一些生動細膩的角色扮演劇本，而不只是一般性的情境。

我內心的憤怒

探索怒意在身體裡是什麼感覺

級別一
認識憤怒

你將需要用到：筆、紙、彩色筆（紅色）
全程時間：15 到 20 分鐘
最合適的人數：1 到 6 人

活動帶領

1. 討論一下，每個人感受到憤怒的方式都各有不同。請孩子列舉出憤怒在身體內展現的一些方式。
2. 要孩子在一張紙上畫出自己身體的輪廓。
3. 請孩子靜靜回想一下某個令他們生氣的情境，並以正念的方式察覺自己身體的每個部位有什麼感受。
4. 只要身體有任何部位受到憤怒影響，就請孩子用紅色把這個部位描起來。
5. 請孩子標注一下各個紅色部位發生了什麼事。例如「我握起拳頭了」。
6. 讓孩子討論並談一談自己所畫的圖。

討論問題

▶ 請形容一下你的身體是如何感受到憤怒。

▶ 一般人身體感受到憤怒的常見部位是哪裡？

▶ 了解憤怒對身體的影響以後，你將來如何更清楚意識到這種情緒呢？

達人訣竅

▶ 靜靜回想的時候，請鼓勵孩子用自己所有的感官去觀想那個令他們生氣的情境，這樣可以讓腦海中的畫面更具體寫實。

▶ 可以多使用幾種顏色，幫助孩子區辨身體內不同程度的憤怒。

▶ 假如孩子在區辨身體部位時有困難，可以鼓勵孩子把身體輪廓的圖畫帶回家，等到生氣或惱怒時再描上顏色。

吶喊

辨識出潛在的憤怒來源

級別一
認識憤怒

你將需要用到：一張孟克〈吶喊〉的複製畫、筆和紙、彩色鉛筆或彩色筆
全程時間：20 到 25 分鐘
最合適的人數：1 到 6 人

活動帶領

1. 請列舉出許多孩子會遇到的一些潛在憤怒來源。要孩子再想一想還有沒有其他例子。

2. 請展示孟克名畫〈吶喊〉的圖片。要孩子描述看看，畫中發生了什麼事。

3. 鼓勵孩子分享看看，有沒有哪個時刻，自己也曾經和畫中的人物有相同的感受。

4. 讓孩子用所提供的美術用品，畫出自己版本的〈吶喊〉。

5. 請孩子在自己的圖畫上找個地方，寫下是什麼憤怒來源，導致他們覺得自己很像畫中的這位人物。

6. 讓孩子談一談和討論一番。

討論問題

▶ 說說有哪次，你曾經覺得自己很像畫中的這位人物。

▶ 你覺得為什麼有人會用繪畫的方式，來描述憤怒這種情緒呢？

▶ 認識了自己的憤怒來源以後，如何幫助你不再因為情緒太滿而不堪負荷呢？

達人訣竅

▶ 可以考慮利用其他圖片和作品來激發想法。

▶ 請鼓勵孩子把自己的憤怒來源畫入圖畫中，而不只是用寫的而已。

▶ 請盡量多提供一些不同的畫具，以提升孩子投入的意願。

我動怒的後果

觀想憤怒時發怒的後續效應

級別二
進一步檢視憤怒

你將需要用到：筆、紙、彩色鉛筆、彩色筆
全程時間：20 到 25 分鐘
最合適的人數：1 到 6 人

活動帶領

1. 談一談人在生氣的時候會有哪些發怒方式。請鼓勵孩子討論一下表達憤怒的方式，包括正面的和負面的方式。
2. 要孩子回想一下，有沒有哪次他們以負面的方式表達憤怒，後來的結果又是如何。
3. 讓孩子畫一篇簡短的漫畫，描述他們當時如何以負面的方式發怒，以及後果又是如何。
4. 要孩子再畫一篇簡短的漫畫，也是描述相同的這個情境，不過是以比較正面的方式表達憤怒，以及後來的結果。
5. 分享並討論一下這些漫畫。

討論問題

▶ 你認為以前你為什麼會選擇用那種方式發怒呢？
▶ 你的憤怒還造成了其他哪些負面的後果呢？
▶ 了解你過去發怒的後果以後，如何幫助你在未來做出更好的選擇呢？

達人訣竅

▶ 可以提供一本格數最多可到五格的漫畫當作參考範本。
▶ 可以討論一下，我們無法改變過去，卻能夠從自己的過錯和懊悔中學習。
▶ 必要時，可以讓孩子先談一談自己想畫的情境，讓靈感變得更具體。

社群媒體的焦慮

探索常見的社群媒體平台是
如何引發憤怒

級別二
進一步檢視憤怒

你將需要用到：筆和紙
全程時間：15 到 20 分鐘
最合適的人數：1 到 6 人

活動帶領

1. 請孩子舉出自己最喜歡的社群媒體或通訊軟體，並討論一下他們平常都各花多少時間上這些平台。

2. 討論一下孩子使用社群媒體時，通常有什麼樣的感受。

3. 請孩子舉例說說，社群媒體可能以哪些方式激怒他們。

4. 要孩子用紙和筆，重現一些可能使他們很憤怒、煩躁或生氣的社群媒體貼文。

5. 讓孩子分享自己的貼文，並說說為什麼這些貼文會惹怒他們。

6. 總結並討論一下成員之間的心得。

討論問題

▶ 使用社群媒體有哪些好處？

▶ 有貼文令你生氣時，你通常會怎麼做呢？

▶ 面對令人生氣的社群媒體貼文，你可以透過哪些正面的方式來處理怒意呢？

達人訣竅

▶ 孩子可以寫文字也可畫圖來重現貼文，只要他們覺得順手就好。

▶ 允許孩子在舉例時，真實或假想的貼文都可以使用。

▶ 假如貼文的內容有不適當或仇恨的言論，請討論一下為什麼這樣是缺乏效率的溝通方式。

憤怒靶心

定義並認識憤怒的來源和強度

級別二
進一步檢視憤怒

你將需要用到：白板或大型海報板、便利貼、筆、白板筆
全程時間：20 到 30 分鐘
最合適的人數：2 到 8 人
事前準備：在白板上或海報上畫一個五個圈圈的靶心。每一圈都象徵一種不同程度的憤怒強度。

活動帶領

1. 討論一下憤怒和它各種不同程度的強度。要孩子將靶心區分成五種不同程度的憤怒，例如煩躁、不高興、生氣、火大和暴怒。
2. 和成員一起清楚定義出每一種程度的憤怒，並舉一些例子。
3. 討論一下何謂會觸發怒意的事物。要孩子寫下至少五種會觸發怒意的事物，一張便利貼上只寫一種。
4. 讓孩子輪流一次分享一張自己的便利貼內容，然後把它貼到對應的靶心圈圈上。
5. 如此繼續，直到所有便利貼都貼到靶心上了，或預定的活動時間結束了。
6. 總結並討論一下這次的活動。

討論問題

▶ 會觸發怒意的事物，最常見的有哪些？
▶ 哪一種最惹你生氣呢？
▶ 辨識了憤怒的來源和強度，如何幫助你在未來更得心應手呢？

達人訣竅

▶ 可以根據成員的需求，增加或減少靶心的圈圈數量。
▶ 可以討論一下，在不同的時刻或場合，某些觸發怒意的事物所引起的憤怒，有可能變得更強，也可能不那麼強。
▶ 請提醒孩子，每個人經歷到憤怒的方式都各有不同，所以回答的內容沒有對錯之分。

憤怒量表

認識憤怒的生理跡象

級別二
進一步檢視憤怒

你將需要用到：一大張紙、彩色鉛筆或彩色筆
全程時間：15 到 20 分鐘
最合適的人數：1 到 6 人
事前準備：製作一個參考用的憤怒量表，以協助孩子更了解這個概念。

活動帶領

1. 請敘述一下孩子在生氣時所會經驗到的生理感受。必要時，可以列舉出身體的每個部位，並要孩子說說憤怒是如何影響這個部位。

2. 在一張大型紙張上，要孩子畫一個如同汽車儀表板油表的量表，顏色則使用最能代表他們感受的顏色。最左側代表平靜，最右側代表強烈的憤怒。

3. 要孩子各用不同的顏色標示每種不同程度的憤怒，例如「不耐煩」或「很生氣」。

4. 給孩子幾分鐘的時間，回想一下憤怒對他們生理上的影響。

5. 要孩子在量表上對應的區段寫下這些症狀 —— 例如在「煩躁」的區段寫下「面紅耳赤」。

6. 討論一下成員的心得。

討論問題

▶ 你浮現憤怒的感覺時，最先出現的生理跡象有哪些？

▶ 哪些生理跡象可能在警示說你的憤怒就快失控了？

▶ 認識這些跡象以後，如何幫助你在未來更懂得管理自己的憤怒呢？

達人訣竅

▶ 假如孩子在定位憤怒來源時有困難，可以回顧一個曾經惹他們生氣的情境。可以引導他們一面回顧這個情境，一面把注意力放在身體的感受上。

不只是「火大」

擴充情緒相關詞彙，
循健康的管道釋放怒氣

級別二
進一步檢視憤怒

你將需要用到：白板和白板筆、筆、紙
全程時間：15 到 20 分鐘
最合適的人數：1 到 6 人
事前準備：列出一系列形容情緒的詞彙，為每個參與者都準備一份。

活動帶領

1. 請孩子提出自己對憤怒的定義。
2. 請向孩子說明，憤怒有可能是一種總稱式的用詞，背後涵蓋了很多不同的負面情緒。
3. 腦力激盪想一想和憤怒相關的字眼（例如受辱、厭煩、不高興），然後寫在白板上。
4. 要每個孩子從中挑選出五個字眼，並定義這些字眼。
5. 然後請孩子寫出一個例子說明自己關於這些情緒曾經有過的經驗。
6. 互相分享這些定義和例子。
7. 聊一聊建立情緒詞彙庫的重要性。把你事先準備的情緒列表發送給每個孩子。

討論問題

▶ 你「生氣」的時候，最常還會感受到其他哪些情緒呢？
▶ 檢視了這些不同的情緒以後，讓你對憤怒有什麼樣的改觀呢？
▶ 擴充了情緒相關詞彙後，如何有助於減緩憤怒和煩躁呢？

達人訣竅

▶ 必要時，可以在活動過程中就先發送你事先準備的情緒列表，以協助孩子激發出更多想法。
▶ 如果你時間充裕，可以帶領孩子針對特定情緒玩角色扮演。
▶ 假如孩子想不太出來自己對情緒的定義，讓他們在情緒浮現時多舉幾個例子就好。

停⋯⋯深呼吸⋯⋯放鬆

藉由深呼吸的技巧減緩憤怒的強度

級別三
減緩憤怒

你將需要用到：不需要任何用品
全程時間：15 到 20 分鐘
最合適的人數：1 到 6 人

活動帶領

1. 請介紹深呼吸的小練習，作為讓身體和心靈平靜下來的一種方法。
2. 請引導孩子進行以下兩種 3 到 5 分鐘的呼吸練習。進行這兩種小練習時，都讓孩子以舒服的姿勢坐下來，做幾次深呼吸，然後願意的話，把眼睛閉起來。
   - 練習一：要孩子一面吸氣，一面在心中數到 4，閉氣數到 7，再一面慢慢吐氣，一面數到 8。只要有需要，就再做一次這個練習。
   - 練習二：請孩子一面深呼吸，一面觀想一個字眼、一句話或是一個畫面，例如「平靜」或「事情在我的掌控中」。要是孩子的思緒飄走了，請孩子察覺到並接受這個想法，放下它，然後再回來繼續聚焦在原本的字眼或畫面上。
3. 帶孩子把這兩種練習的感覺都討論一番。
4. 請提醒孩子，這兩個小練習任何時候都可以進行，而且在不生氣的時候就先多練習，可以讓生氣的時候效果更好。

討論問題

▶ 請描述一下，你做這兩個小練習時有什麼感受。

▶ 練習完之後，你察覺到自己的心靈或身體有什麼不同呢？

▶ 你認為這兩個呼吸練習什麼時候可能派上用場呢？

達人訣竅

▶ 請提醒孩子，思緒飄走是很正常的，尤其是初學者第一次做呼吸練習的時候。

▶ 可以考慮在進行其他活動之前或之後加做這兩種呼吸練習，可幫助成員感到更平靜和沉穩。

▶ 可以鼓勵孩子寫札記記錄自己練習這些呼吸技巧的時機，以及事後的感受。

我平撫情緒的祕密基地

給孩子機會，在自己家裡規劃一個「喊暫停」的地點

級別三
減緩憤怒

你將需要用到：筆和紙
全程時間：15 到 25 分鐘
最合適的人數：1 到 6 人

活動帶領

1. 請聊一聊，讓自己暫停休息一下或暫時離開一個棘手的情境，是相當重要的。
2. 讓孩子列舉出他們生氣時能平撫他們情緒的事物。
3. 請引導孩子在自己家裡規劃一個能平撫情緒的「終極」祕密基地。孩子可以用畫的和／或用寫的，列舉出能讓這個地點更安心的事物。
4. 請說些引導語，例如：「有沒有哪些物品能幫助你心情變得比較平靜呢？」
5. 讓孩子分享自己的平撫情緒地點，並討論一番。

討論問題

▶ 在你的平撫情緒祕密基地，有哪些重要的物品和活動是你最想納入的？

▶ 你所規劃的這個平撫情緒祕密基地，實現起來容易嗎？

▶ 在你生氣的時候，手邊能有一些現成的平撫情緒物品和活動，為什麼很重要呢？

達人訣竅

▶ 在描述自己的平撫情緒祕密基地時，請鼓勵孩子越明確具體越好。

▶ 可以建議孩子採用手邊現有的或容易取得的物品。

▶ 讓孩子討論一下為什麼這些物品和活動有助於讓他們的心情平靜下來。

平撫情緒的播放清單

探索音樂在宣洩怒氣上的強大力量

級別三
減緩憤怒

你將需要用到：筆和紙
全程時間：15 到 25 分鐘
最合適的人數：1 到 6 人

活動帶領

1. 請孩子討論一下自己最喜歡的歌手，並說說自己為什麼喜歡這些藝人。
2. 聊一聊音樂如何能幫助我們把心情平靜下來、消化情緒，和以正面的方式宣洩怒氣。
3. 要每個孩子舉出一首他們感到生氣或煩躁時的「必聽」歌曲。讓孩子談談這首歌對他們有什麼樣的幫助。
4. 請孩子列出一個共有十首歌的平撫心情播放清單，並寫下他們之所以選擇這每一首歌的原因。
5. 讓孩子分享自己的播放清單並討論一番。

討論問題

▶ 音樂是以什麼方式幫助你應對憤怒呢？
▶ 你從其他成員那裡，聽說了哪些很棒的精選好歌呢？
▶ 手邊有了現成的憤怒播放清單以後，如何幫助你在未來比較不會以負面的方式發怒呢？

達人訣竅

▶ 憤怒式或極端式的音樂，在青少年感到憤怒時，其實有可能成為孩子的一種正面宣洩出口。除非極端式的音樂會對其他成員有所冒犯或貶抑，不然請不要對這類音樂表示不鼓勵的態度。
▶ 假如孩子想不出特定的歌名，也可以讓他們舉出藝人名字或音樂類型。
▶ 如果時間和資源允許，可以讓孩子上網查一查各種不同的歌曲來擴建自己的播放清單。

回應憤怒

探索回應憤怒的其他替代方式

級別三
減緩憤怒

你將需要用到：筆、紙、白板和白板筆
全程時間：20 到 25 分鐘
最合適的人數：1 到 5 人

活動帶領

1. 請把暴力定義為可能傷害到自己和別人的一種行為。請孩子舉出一些因憤怒而導致暴力行為的例子。
2. 請說明一下，憤怒是一種很正常的人類情緒，但我們可以用非暴力的方式來回應憤怒。
3. 請孩子在一張紙上，列出五種令他們生氣的情境，並在每一種情境之間預留一點空間。
4. 一起腦力激盪想出一些健康或正面的憤怒回應方式吧。討論一下，這些正面的方式可以應用在哪些會引起憤怒的情境。
5. 在孩子所寫下的每一種情境下方，讓孩子完成以下的句子：「每當我因為〔所舉出的情境〕而生氣時，與其以暴力的方式發怒，我可以……」
6. 讓孩子分享一些句子，並討論一番。

討論問題

▶   你從這場活動中，學到了哪些非暴力的回應方式呢？
▶   請說說哪次你因為不知道還能怎麼處理怒意，因而以暴力的方式發怒了。
▶   事先想好應對的計畫，如何幫助你在未來不至於訴諸暴力行為呢？

達人訣竅

▶   在腦力激盪的橋段，可以提供一些不同的減緩憤怒類別，以激發靈感（例如平緩心情的活動、娛樂活動、休閒活動）。
▶   請提醒孩子，並不是每一種平緩心情的技巧都適用於每一種情境，所以多認識幾種替代方案是好事。

不是「你」的關係

以具有建設性的方式表達憤怒

級別三
減緩憤怒

你將需要用到：不需要任何用品
全程時間：15 到 25 分鐘
最合適的人數：2 到 8 人

活動帶領

1. 要孩子舉出一些容易觸發他們怒意的事物，並舉例說明自己如何處理這類事物。
2. 請向孩子介紹什麼是「我」敘述句；討論一下這種句子如何幫助我們有效地向別人傳遞自己的想法和感受（如果孩子已經知道什麼是「我」敘述句，請略過這個步驟）。
3. 要孩子兩人或三人一組搭檔。
4. 請指派一個常見的怒意觸發情境給每個小組。給孩子幾分鐘的時間討論如何把這個情境演出來。
5. 讓每個小組輪流演出自己的情境劇本。
6. 在每次演出接近尾聲時（或在適當的時機），讓演出先暫停，並請其中一個孩子把自己所說的內容替換成「我」敘述句。
7. 繼續進行角色扮演，看看劇情走向是否出現什麼變化。
8. 討論一下「我」敘述句在每一種情境中扮演了什麼樣的角色。

討論問題

▶ 「我」敘述句如何改變了每一場角色扮演的劇情走向呢？

▶ 依你認為，人在生氣的時候，為什麼會變得很難有效溝通呢？

▶ 用「我」敘述句向別人傳遞你的想法和情緒，如何幫助你減緩憤怒呢？

達人訣竅

▶ 請多舉幾個例子說明什麼是「我」敘述句，尤其是如果成員不熟悉這種句型。可以用「你」敘述句作為對比，進一步釐清兩者間的差異。

▶ 可能的話，可以用孩子在第一個步驟所舉出的例子來發想情境劇本，以提升孩子參與的意願。

第六章

焦慮

　　焦慮是一種對真實或自認的日常情境所會衍生出的結果，而感到擔憂或緊張的頻繁而持續性的感受。焦慮有可能導致青少年無法盡情享受人生和生活中的種種美好，且妨礙了健康正向的發展。

　　持續感到焦慮的青少年，可能會感到自己被孤立，也受困於不斷循環的侵入性想法和強迫性行為中。本章的活動能幫助孩子對治自己的焦慮，學習實用的技巧，讓自己免於焦慮。

　　這一章的活動一共分為三種級別：「認識焦慮」（級別一）、「焦慮對我的影響」（級別二），和「應對焦慮的方法」（級別三）。級別一的活動能帶孩子進一步檢視焦慮和導致焦慮的可能原因。級別二的活動在於幫助孩子更意識到焦慮對他們自己生活的影響。最後，級別三的活動提供了管理焦慮症狀的實用方法。

焦慮的肖像

定義並探索個人的焦慮

級別一
認識焦慮

你將需要用到：筆、紙、彩色鉛筆、彩色筆、膠水、舊雜誌或描繪焦慮的列印圖片
全程時間：20 到 25 分鐘
最合適的人數：1 到 6 人

活動帶領

1. 請孩子用自己的話語定義何謂焦慮。討論一下，經歷焦慮的方式有很多種。
2. 給孩子幾分鐘的時間想一想，他們心目中的焦慮是什麼意思，以及焦慮對他們有什麼影響。
3. 請孩子藉由你所提供的用品，用 15 分鐘創作自己的焦慮肖像。
4. 孩子製作自己肖像的時候，請多對孩子說些引導的話語，以激發靈感。例如：「你覺得焦慮看起來是什麼模樣呢？」
5. 讓孩子展示並聊一聊自己的焦慮肖像。
6. 討論一下每個人的心得。

討論問題

▶ 這幅創作是如何幫助你定義自己的焦慮呢？

▶ 創作這幅肖像時，你又多明白了哪些事情呢？

▶ 檢視自己的焦慮，在未來如何幫助你減緩焦慮呢？

達人訣竅

▶ 請鼓勵孩子善用所有浮現腦海的靈感──肖像並沒有所謂對或錯。

▶ 假如有孩子太焦慮而不敢展示自己的肖像，讓他們用簡單幾句話口頭介紹一下就好。

▶ 請盡量多提供一些不同的圖片、舊雜誌和畫具，以激發多一點靈感。

我最擔憂的五件事

進一步檢視憂慮並加以評估

級別一
認識焦慮

你將需要用到：筆和紙
全程時間：15 到 20 分鐘
最合適的人數：1 到 6 人

活動帶領

1. 討論一下，焦慮和擔憂如何可能導致人在日常生活中難以正常運作。讓孩子腦力激盪想一想焦慮對他們生活造成了哪些衝擊。
2. 討論一下，更熟悉某些特定的擔憂後，如何幫助辨識焦慮的來源。
3. 用 2 分鐘的時間，要孩子把自己想得到的憂慮統統列出來。
4. 然後要孩子檢視這些憂慮，從中挑出自己的「前五名」，用另一張紙寫下來，並把和每種憂慮相關的想法也統統寫下來。
5. 分享並討論孩子的「前五名」憂慮。

討論問題

▶ 你最擔心的事情有哪些呢？
▶ 有哪些擔憂，是你和其他成員都有的呢？
▶ 評估了你的擔憂以後，如何著手開始管理焦慮呢？

達人訣竅

▶ 腦力激盪的過程中，請多說些引導的話語以激發想法。例如：「你在學校最擔心什麼事呢？」
▶ 如果手邊有白板，也可以把各種擔憂的事情列在白板上。
▶ 請向孩子強調，各種擔憂都是人之常情。

我的焦慮地圖

對於會觸發焦慮感的事物
加以定義和討論

級別一
認識焦慮

你將需要用到：筆、紙、彩色鉛筆或彩色筆
全程時間：20 到 25 分鐘
最合適的人數：1 到 5 人

活動帶領

1. 討論一下，某些人、地點和情境，如何可能觸發焦慮的想法或加深這些想法。
2. 一起腦力激盪想一想，有哪些外在的焦慮觸發事物（例如學校、父母或長輩、霸凌事件）。
3. 請引導孩子畫出一張他們自己的焦慮「地圖」。要孩子以自己的家裡作為出發點（標上「現在位置」），然後延伸到他們生活中會觸發焦慮感的其他區域。
4. 鼓勵孩子使用不同的顏色來代表所會引起的不同程度焦慮感。
5. 請孩子列出為什麼這些地點會引起焦慮的原因。
6. （可以的話）請孩子在地圖上畫出一條替代路徑，好讓他們能避開某些會觸發焦慮感的事物。
7. 讓孩子分享自己的地圖，並討論心得。

討論問題

▶ 你地圖上的哪些地點最容易引起焦慮感？為什麼呢？
▶ 你在自己的地圖上，是否發現某些反覆一再出現的主題？
▶ 定義了會觸發你焦慮感的事物以後，如何幫助你降低生活中的焦慮感呢？

達人訣竅

▶ 請告訴孩子，這張地圖的象徵意義大於實質意義。請鼓勵孩子盡情發揮創意，讓這張地圖看起來像尋寶圖或迷宮。
▶ 可以討論一下，不見得總能找出「替代路徑」（比方說，沒辦法完全避開學校），但辨認出可能觸發焦慮感的事物，可以幫助孩子更了解焦慮。
▶ 可以提供一張焦慮地圖的實際參考範本，讓孩子對活動的目標更有概念。

焦慮：不只是一些想法而已

探索焦慮在身體裡的感覺

級別一
認識焦慮

你將需要用到：筆和紙、白板、每個參與者各使用一種不同顏色的白板筆
全程時間：15 到 20 分鐘
最合適的人數：2 到 6 人

活動帶領

1. 請說明一下，焦慮感不只是一些想法而已，它有具體的生理症狀。
2. 請孩子舉例說明焦慮感是如何在身體裡呈現。
3. 給孩子幾分鐘的時間想一想某個令他們焦慮的情境。在孩子思考的時候，請引導孩子特別注意他們焦慮時會出現哪些生理症狀，並簡單寫下來。
4. 趁孩子思考的同時，請在白板上畫一個大型的人體輪廓。
5. 思考完之後，讓每個孩子在你所畫的人體輪廓上，標示出他們常見的焦慮生理症狀，最多可達五種。孩子可以把某個部位畫上顏色、把這個部位圈起來，或甚至在上面寫下自己的名字。
6. 討論一下白板上的結果。

討論問題

▶ 你身體的哪些部位對焦慮的感受最強烈呢？
▶ 你從其他成員身上，觀察到哪些常見的共通處呢？
▶ 認識你身體裡生理上的焦慮症狀，有哪些好處呢？

達人訣竅

▶ 請向孩子說明並讓孩子放心，回答內容沒有對錯之分，每個人經歷焦慮的方式都不一樣。
▶ 可以把白板上被標示的部位加上解說。比方說，如果有人把嘴巴圈起來，他們可以在旁邊再寫上「緊咬牙關」。
▶ 假如手邊沒有白板，可以讓孩子用一張紙自己畫一個人體輪廓，然後標示自己感到焦慮的部位。

令人焦慮的新聞標題

檢視一下當前的時事和
新聞標題如何可能導致焦慮

級別一
認識焦慮

你將需要用到：筆和紙、白板和白板筆
全程時間：20 到 25 分鐘
最合適的人數：2 到 6 人

活動帶領

1. 討論一下，本地和國際上發生的時事，對一個人的焦慮有什麼樣的影響。

2. 讓孩子分享一下他們是從哪裡取得新聞消息（例如電視、社群媒體、新聞推播）。討論一下這些來源是否可靠。

3. 請孩子舉出三個引起焦慮的新聞標題（可以是真實的，也可以是假想的），並在紙上寫下來。

4. 請每個孩子從中選出一個新聞標題，和其他成員討論。

5. 讓孩子輪流把自己的新聞標題寫到白板上。

6. 請討論一下每一個新聞標題的內容、為什麼它會引起焦慮，以及這位孩子未來再看到這類新聞標題時，是否能透過任何方法預防／減少焦慮感。

討論問題

▶ 哪些類型的新聞標題最令你感到焦慮呢？

▶ 了解一則新聞來源可信度的高低，如何有助於你降低焦慮感呢？

▶ 在你嘗試了解本地和國際上的時事而遇到困難時，你可以採取哪些辦法呢？

達人訣竅

▶ 可以讓孩子簡單說明自己為什麼會挑選這幾個新聞標題。

▶ 請向孩子說明並讓孩子放心，每一個新聞標題不論大小，都有引發焦慮的可能性。

▶ 可以腦力激盪列舉出當前在四周發生的時事中，孩子能夠和無法掌控的事情。

是擔憂，還是焦慮？

定義並評估日常的擔心，
以避免這些擔憂滋長成焦慮

你將需要用到：筆和紙
全程時間：15 到 25 分鐘
最合適的人數：1 人

級別二
焦慮對我的影響

活動帶領

1. 請孩子定義何謂擔憂和焦慮。

2. 帶孩子舉出一些擔憂的例子。討論一下，擔憂是人之常情，但有可能衍生成焦慮。

3. 給孩子幾分鐘的時間想一想自己的日常擔憂，然後列舉出來，最多可達十項。

4. 接著請孩子以 1 到 10（10 代表最焦慮）的分數評比這些擔憂。

5. 一起檢視這些擔憂的評比分數，討論一下這些擔憂是否在這位孩子生活中屬於正常的一部分，還是可能已經導致這位孩子無法好好享受生活。

6. 討論一下孩子如何應對更強烈的擔憂，好讓自己更自在一些。

7. 讓孩子運用正面積極的自我對話或應對策略，在每一項擔憂旁邊，寫下一種特定的應對方式。

討論問題

▶ 你最常經歷到的擔憂有哪些？你覺得為什麼會這樣呢？

▶ 談論過這些擔憂後，有沒有哪些評比分數是你想更改的？

▶ 對你的擔憂加以定義和評估，如何幫助你降低焦慮感呢？

達人訣竅

▶ 請告訴孩子，各種擔憂都是人之常情。

▶ 可以請孩子說說自己各項評分的理由。

▶ 如果時間允許，可以讓孩子辨識哪些擔憂是關於他所無法掌控的事情。

焦慮的反射動作

說明焦慮的想法
如何可能衍生出強迫行為

級別二
焦慮對我的影響

你將需要用到：筆和紙
全程時間：20 到 25 分鐘
最合適的人數：2 到 8 人

活動帶領

1. 談一談強迫行為，也就是由特定想法或情緒所觸發之反覆出現的舉止。

2. 要孩子舉一些例子，說說某個想法如何可能 —— 幾乎像反射動作一樣 —— 引起某些行為。

3. 討論一下，焦慮的想法會如何引發強迫行為。順帶提一下，認識這種模式以後，如何中斷負面想法和行為的循環。

4. 給每個孩子一個機會描述一種「內心的反射動作」。要孩子在一張紙上，寫出一個焦慮的想法。請孩子唸出自己的想法，並在拿著這張紙的時候，要假裝紙很燙手似的。孩子放開手以後，請孩子說出一種和這個想法相關的強迫行為。

5. 討論一下各成員的心得，並進行一場這一章級別三的活動，幫助孩子找出降低焦慮感的方法。

討論問題

▶ 討論一下，有沒有哪個時候，焦慮想法發生得非常快速，例如把你的手從發燙的鍋子縮回來。

▶ 了解到想法有可能觸發某些行為以後，如何幫助你以更正面的方式應對焦慮呢？

達人訣竅

▶ 如果你手邊有白板，可以在孩子舉例說明焦慮的想法或強迫行為時，一面把這些例子寫下來。這樣在視覺上會很有幫助。

▶ 為了讓活動更有趣，可以讓一個孩子說出一個焦慮的想法，同時讓另一個孩子說出有可能發生的強迫行為。

焦慮對我的影響

認識人對於焦慮的種種反應

級別二
焦慮對我的影響

你將需要用到：骰子、白板和白板筆
全程時間：20 到 25 分鐘
最合適的人數：3 到 6 人

活動帶領

1. 討論一下，焦慮對我們生活中的一些不同面向可能帶來什麼樣的衝擊。
1. 請在白板寫下以下類別：想法、情緒、生理、行為、人際關係、社交互動。
2. 讓孩子（用他們自己的話語）描述這些類別各代表什麼意思。
3. 請向成員說明，每個孩子都將有好幾次擲骰子的機會，然後根據自己所擲出的點數，要說一說焦慮對他們生活中某個面向的影響。比方說，如果孩子擲出的是 3 點，他就要談談生理上的焦慮反應，例如胸口感到壓迫或呼吸變得短淺急促。
4. 讓每個孩子輪流擲幾次骰子，並討論焦慮的影響。
5. 總結一番，並討論一下成員之間的心得。

討論問題

▶ 大家所提到的焦慮反應中，常見的有哪些呢？

▶ 有哪些回答內容是你原先沒想到而令你意外的？讓你最有感的是哪一個呢？

▶ 認識了人對於焦慮的種種反應以後，如何幫助你在未來更妥善管理焦慮呢？

達人訣竅

▶ 假如手邊沒有骰子，可以把這些類別寫在紙上，讓孩子從中挑選。

▶ 假如有孩子對某個類別不太在行，可以找另一個孩子來助陣。

▶ 可以透過提供一個情境劇本來換個方式進行，例如提供「擔心課業成績」的情境，然後擲骰子演出。

當擔憂變成了阻礙

探索擔憂如何可能會阻礙
我們追尋自己真正想要的事物

級別二
焦慮對我的影響

活動帶領

1. 討論一下，小擔憂如果未受到正視，有可能累積成焦慮，阻礙自己完成目標和在人生中向前邁進。

2. 請孩子舉一些例子說說小擔憂如何可能演變成焦慮。

3. 讓孩子分成兩兩一組，說明一下，每一組都將打造一座紙塔，象徵那些阻礙他們完成個人目標的擔憂。

4. 請根據先前腦力激盪的結果，分派一種焦慮來源給每個小組。然後給予以下的指示：
   - 利用五到七個圓柱形紙捲，做出紙塔的基座。
   - 在每個紙捲上，寫下一些和焦慮相關的小擔憂。
   - 在基座上平放一張紙，然後在上面放三個紙捲。在這三個紙捲上，寫下焦慮的症狀，或下方擔憂所引起的行為。
   - 在第二層的上面再鋪一張紙。然後再做一個紙捲，代表你關於自己的焦慮所必須做的一個決定。

5. 讓每個小組說明一下自己的紙塔，和自己在製作的過程中學到了哪些事。

討論問題

▶ 你的哪些小擔憂容易隨著時間而越累積越大？

▶ 製作這座紙塔時，你遇到了哪些挑戰呢？

▶ 趁早管理小擔憂，如何幫助你更輕鬆達成個人目標呢？

達人訣竅

▶ 如果想讓這個活動變得更簡單，可以用使用完畢的衛生紙捲筒取代紙捲。

▶ 可以增加紙塔的層數以提高挑戰性。

焦慮桌上遊戲

設計一個桌上遊戲來談談擔憂

級別二
焦慮對我的影響

你將需要用到：海報板、彩色筆、筆、骰子
全程時間：20 到 40 分鐘
最合適的人數：2 到 10 人

活動帶領

1. 把孩子分成幾個小組。請孩子設計一個桌上遊戲，突顯正面和負面的焦慮應對方法。請向孩子說明：
    -   這個遊戲從起點到終點的路徑，必須要有十五到二十格。
    -   其中半數的格子必須要有正數（1 到 3），並包含一種正面的自己對話或應對技巧。
    -   另外半數的格子必須要有負數（-1 到 -3），並包含一種負面的應對技巧。
2. 讓各個小組互相交換設計完成的遊戲並玩玩看，同時要遵守以下規則：
    -   每個玩家輪流挑選一個代表自己的棋子，然後擲骰子，移動到對應的格子。
    -   由輪到的玩家談一談格子上所寫的內容，以及為什麼這內容會使他在路徑上前進或後退。
    -   接著，這名玩家依所指示的格數移動。
    -   最先抵達遊戲路徑終點的玩家就贏了。

討論問題

▶ 請形容一下，自己設計桌上遊戲是什麼感覺。它是如何讓你思考了焦慮這件事呢？
▶ 你在其他成員所設計的遊戲上，發現了哪些頗有意思的格子呢？

達人訣竅

▶ 可以設計一些其他類型的格子，例如「暫停一次」或「加碼再擲一次骰子」，以增添遊戲的趣味。請確認孩子替每一個格子都加上適當的焦慮反應。
▶ 可以把這個活動分成兩場：自己設計遊戲，和玩其他小組設計的遊戲。

想出話語來回應恐懼

想出一些正面的方式來回應恐懼

級別三
應對焦慮的方法

你將需要用到：開闊的場地
全程時間：20 到 25 分鐘
最合適的人數：4 到 10 人

活動帶領

1. 一起想一想有哪些想法和情境會導致焦慮。
2. 討論一下，利用正面的自我對話或應對策略，如何有助於降低焦慮感。
3. 讓成員在室內的一邊排成一列隊伍。請一個孩子站在距離其他人前面大約三公尺的地方，並分享一個會引起焦慮的想法或情境。
4. 讓其他孩子各建議一些正面的自我對話或應對策略，然後請站在前面的孩子選出他最喜歡和第二喜歡的建議。
5. 提出最喜歡建議的孩子，可以向前跨三步。提出第二喜歡建議的孩子，可以向前跨一步。
6. 站在前方的孩子就繼續分享會引起焦慮的想法或情境，直到隊伍中有孩子追上他。
7. 換成勝出的孩子站在其他人面前，再進行一次這個活動。
8. 討論一下在這場活動中看到了什麼樣的見解，和有什麼樣的心得。

討論問題

▶ 你從這場活動中，獲取了什麼樣的重要心得呢？
▶ 學習如何想出話語來回應恐懼，如何幫助你管理自己的焦慮呢？

達人訣竅

▶ 假如有孩子比較想不出會引起焦慮的想法或情境，可以提供一些現成的例子作為輔助。
▶ 請提醒成員，所謂的「最佳建議」是主觀的，是由站在前方的那個孩子自己選出的。
▶ 可以討論一下這個建議為什麼會獲選為最佳建議。

要理性回應……別情緒性地反應

對焦慮要理性回應，別情緒性地反應

級別三
應對焦慮的方法

你將需要用到：開闊的場地、三角錐或之類的空間座標
全程時間：20 到 25 分鐘
最合適的人數：4 到 8 人

活動帶領

1. 討論一下，焦慮如何可能使思緒暴衝，而令人難以清楚思考。請向成員解釋，讓自己暫停下來幾分鐘，可以幫助我們以理性的方式回應焦慮，而不會只是情緒性地反應。

2. 請把室內任何可能絆腳的雜物清空。設置兩個三角錐，彼此相距大約 3 到 5 公尺。讓成員站在距離三角錐大約 1.5 公尺的地方。

3. 選出一名自願者，請他挑選一個會引起焦慮的想法或情境。

4. 要這名自願者從一個三角錐小跑步到另一個三角錐，一面跑一面大聲說出那個會引起焦慮的想法或情境。同時，請其他人想出一些正面的方法，讓這名跑者能以理性方式回應這個想法或情境。

5. 如果有人想出方法了，就請他大聲喊：「停……深呼吸……深呼吸。」請跑者停下來，做幾次深呼吸。

6. 讓想出方法的孩子分享一下自己對跑者焦慮想法的正面回應方式，並問問跑者對這個方法的看法是如何。

7. 如果跑者喜歡這個方法，就讓提出方法的人變成跑者。如果不喜歡，就再進行一次這個流程，直到原本的跑者採納了某人的方法為止。

討論問題

▶ 焦慮有時候會如何使你難以理性思考呢？

▶ 暫停下來、想一想再回應，如何幫助你管理焦慮呢？

達人訣竅

▶ 如果某人的建議並未引起跑者的共鳴，可以請跑者繼續跑之前先說明一下理由。

▶ 可以試一試其他動作，例如一面走一面運球或在空中托一個氣球，讓活動變得更有挑戰性。

我的安全空間

結合靜思和書寫，營造一個安全空間

級別三
應對焦慮的方法

你將需要用到：筆和紙
全程時間：20 到 25 分鐘
最合適的人數：1 到 4 人

活動帶領

1. 討論一下，焦慮如何可能導致我們感到不舒服和不安全。
2. 請向成員說明，這個活動的用意，是協助參與者打造一個心理上和實體上的安全空間。
3. 給孩子幾分鐘時間，想像一個理想的安全空間。
4. 在孩子想像的時候，請鼓勵他們把這個空間想得越具體明確越好。比方說，「你的四周是什麼模樣？有音樂嗎？還是有大自然的聲音？」
5. 要孩子把自己所想到的內容書寫下來，細節越詳細越好。
6. 然後請孩子列出在打造安全實體空間時，他們確實能做的三件事。例如想聽輕柔音樂時，現場隨時可以取得。
7. 如果孩子願意，可以鼓勵他們分享自己安全空間的一些細節。
8. 討論一下，焦慮的時候，在內心回到自己安全空間的畫面，可以帶來舒緩的效果。

討論問題

▶ 你最喜歡你安全空間的哪個部分？
▶ 你如何在現實生活中打造一個具體的安全空間呢？
▶ 你認為在內心回顧你安全空間的畫面，有助於降低焦慮感嗎？如何降低呢？

達人訣竅

▶ 請鼓勵孩子在想像時，想得越具體詳細越好。
▶ 不想書寫的人，也可以改用畫圖來呈現自己的安全空間。
▶ 如果孩子的安全空間還有其他細節，請讓孩子自己選擇想要分享哪些細節。

焦慮的應對計畫

思索出管理焦慮的具體辦法

級別三
應對焦慮的方法

你將需要用到：筆和紙
全程時間：20 到 25 分鐘
最合適的人數：1 到 4 人

活動帶領

1.　討論一下，遇到令人焦慮的情境時，握有一個具體的計畫，能讓人更容易做出好的抉擇。

2.　請向成員說明，一個好的應對計畫，要包含具體可行的焦慮處理辦法。

3.　請孩子在一張紙的最頂端，列出至少五種會觸發焦慮的人、地點或事物。

4.　在這些會觸發焦慮的人事物下方，請孩子列出至少三種一般性的應對策略，是他們在管理焦慮時覺得有幫助的。

5.　請孩子在這張紙的背面，構思一套自己的應對計畫。要孩子寫出至少五句和自己焦慮相關的「我」敘述句，並說明自己打算如何應對焦慮。比方說，「我感到寂寞又焦慮時，我會打電話給我最好的朋友，聊一聊我今天遇到的事。」

6.　討論一下這場活動過程中的進展和心得。

討論問題

▶　請談一談某次你感到焦慮而不知所措的時候。

▶　為你自己擬定一套明確的焦慮應對策略，為什麼是很重要的事呢？

▶　規劃這套應對計畫，如何有助於你更能清楚評估自己的焦慮呢？

達人訣竅

▶　這是一個非常個人化的活動，因此參與者人數少一點的效果會比較好。這個活動也更適合先前就參加過焦慮相關活動的孩子。

▶　請確認孩子為每一句「我」敘述句提出具體而確實可行的應對策略。

▶　可以在結尾加上一句孩子說到做到時的獎勵辦法。例如：「我實際善用了自己所列出的應對策略時，就可以用以下方式犒賞自己：……」

第七章

憂鬱

　　憂鬱症是一種情緒疾患，特徵為強烈且／或長久持續的悲傷感覺。人生在世難免都會經歷到悲傷的感覺，但憂鬱有可能是揮之不去的，且影響到了平日的正常運作。

　　有憂鬱困擾的青少年，並不只是單純感到心情低落，或不肯「振作起來」而已。憂鬱症是一種嚴重的心理健康症狀，往往需要長期治療，包括藥物和諮商治療。本章的體驗式活動，用意是輔助心理諮商，而不是取代心理諮商。這些活動能提供機會，讓青少年認識自身的憂鬱，並培養對治的技巧。

　　這一章的活動一共分為三大類：「快速提振心情」（級別一）能幫助孩子轉換自己的心情和思路、「認識憂鬱」（級別二）能帶孩子覺察到憂鬱對他們生活的影響，和提供減緩這些影響的方法，以及「管理日常生活中的憂鬱」（級別三）將提供實用的小訣竅和建議，來管理憂鬱的想法、情緒和生理症狀。

我們是連結在一起的

讓自己和別人更有連結感

級別一
快速提振心情

你將需要用到：球
全程時間：15 到 20 分鐘
最合適的人數：4 到 10 人

活動帶領

1. 討論一下，我們越有機會認識彼此，就越能發現彼此的共通處。彼此間的交流，能降低孤單的感覺。

2. 讓成員站著圍成一圈，彼此之間距離至少兩個肩膀寬。

3. 把球交給一個孩子，並請他說說自己最喜歡的嗜好，例如「我喜歡打網球」。

4. 要這個孩子把球拋給另一個孩子。

5. 請那個孩子把球接住，並說一些和剛才那句話有關的內容。例如：「我也喜歡打網球，但我更喜歡打棒球。」

6. 在時間允許的範圍內，如此繼續進行這個活動。

討論問題

▶ 你今天對其他成員多了哪些認識呢？

▶ 請說說你在這個活動過程中所建立的一項新連結。

▶ 發現了你和同儕其實有更多共通處以後，如何幫助你管理憂鬱呢？

達人訣竅

▶ 假如孩子找不到自己和前一人的敘述句有什麼共通處，也可以單純複述這句敘述句，然後加上自己的敘述句。例如：「我沒有真正嘗試過畫油畫，但我還滿喜歡親近大自然。」

▶ 可以鼓勵孩子進一步闡述前一人的敘述句。例如：「我也喜歡打電玩。其實，我最喜歡的電玩類型是……」

▶ 如果想拉長活動的時間，可以導入其他主題，例如最喜歡的食物或童年回憶。

動一動……讓心情好起來

透過運動舒緩憂鬱

級別一
快速提振心情

你將需要用到：開闊的場地
全程時間：15 到 20 分鐘
最合適的人數：3 到 8 人

活動帶領

1. 討論一下，運動能透過宣洩負面情緒、讓大腦分泌快樂的化學物質，和增進自信心，進而有助於舒緩憂鬱。
2. 請所有成員站立，彼此間隔至少四個肩膀寬，保持一個舒適的狀態。
3. 請告訴孩子，他們接下來將進行一個簡短、低活動量的體操活動。
4. 要孩子依循以下步驟：
   - 原地走路 30 秒。
   - 身體站直，把雙手往上方伸展。深呼吸五次。
   - 大字開合跳（jumping jacks）30 秒。
   - 身體站直，把雙手放在頭頂，身體往右側傾斜。維持這個姿勢 25 秒。換另一邊也做一次相同動作。
   - 原地大步走 30 秒。
   - 用左腳站立 45 秒。換邊。
   - 原地慢跑 30 秒。
   - 身體站直，深呼吸五次，然後感覺到全身都放鬆了。
5. 說明一下，這個體操結合了心肺活動和瑜伽的元素——兩者都有助於提振我們的心情。

討論問題

▶ 活動中你最喜歡的體操是哪一項？最不喜歡哪一項呢？
▶ 請描述一下你做完這些體操後有什麼感覺。
▶ 定時做一些體操——就算時間很短也沒關係——如何有助於讓你心情變好呢？

達人訣竅

▶ 請依據成員的能力程度，適度調整體操內容和時間長短。
▶ 你不必告訴孩子每項體操要做多久，因為這樣可能反而會讓孩子分心。

來跳宣洩舞

透過跳舞宣洩感受

你將需要用到：開闊的場地
全程時間：15 到 20 分鐘
最合適的人數：4 到 10 人

級別—
快速提振心情

活動帶領

1. 討論一下，例如踩腳這類的簡單動作，如何有助於表達或宣洩感受。腦力激盪想一想，還有哪些方法能透過肢體動作宣洩不快樂的感覺。

2. 喊出一種經常需要宣洩的情緒，例如不快樂的感覺。

3. 讓每一名成員都構想出一種動作來宣洩這種情緒。

4. 現在，請成員協力合作，把各自的動作結合編排成一支舞。

5. 在時間允許下，用其他不同的情緒，重複步驟 2 到 4。

6. 討論一下這個活動感覺起來如何。

討論問題

▶ 你最喜歡這支舞的哪些動作呢？

▶ 演出這整支舞的時候，你有什麼感覺呢？

▶ 運用跳舞這類的肢體動作，如何有助於宣洩強烈的感受呢？

達人訣竅

▶ 有些孩子可能會不願意在其他成員面前表現肢體動作。可以給他們一個替代辦法，例如說一句話，而這句話仍能編排到舞步中。

▶ 可能的話，可以把音樂編排到舞步中，讓這支舞跳起來更有趣味。

▶ 可以在同一支舞裡，試著編入兩組對比鮮明的情緒 —— 例如感到無聊和感到興奮 —— 藉此探索把迥異的情緒擺在一起對照是什麼感覺。

全身的笑容

透過觀想，想像心情改變了，
和培養感恩的心

級別一
快速提振心情

你將需要用到：不需要任何用品
全程時間：15 到 20 分鐘
最合適的人數：1 到 5 人

活動帶領

1. 告訴孩子，他們接下來將參與一個以微笑為出發點的簡短觀想小練習。

2. 請向成員說以下的引導語：

   - 請做幾次深呼吸，然後閉上眼睛（如果你願意的話）。
   - 請想像會讓你快樂的事物，例如一個你喜歡的人、物品或美好的回憶。
   - 想像你因為想到了這件事而面露笑容的模樣。說不定你會發現你真的面露笑容了。面露笑容是什麼感覺呢？
   - 想像這個笑容遍布你的全身上下，從頭部開始，接著往下到脖子，如此繼續，到最後你全身上下都泛著一個大大的笑容。
   - 你整個人都泛著笑容以後，把這個笑容擴及到會讓你快樂的所有那些事物上，然後維持這樣一會兒。
   - 現在讓你的注意力回到呼吸上。等你準備好了，就可以把眼睛睜開。

討論問題

▶ 你在這個小練習的過程中有什麼感覺呢？

▶ 做完這個小練習後，你在自己的想法和心情上，觀察到什麼樣的變化呢？

▶ 像這樣的簡短小練習，如何中斷負面想法和情緒的循環呢？

達人訣竅

▶ 可以在每個步驟之間稍停片刻，讓孩子吸收消化一下。

▶ 假如孩子在小練習的過程中笑場或變得不自在，可以讓他們睜開眼睛靜靜坐著，等待其他人完成小練習。

擺設我的快樂空間

想出並畫出能為我們生活
增添更多快樂的一些方法

級別一
快速提振心情

你將需要用到：筆和紙、彩色筆或彩色鉛筆、舊雜誌或其他可
供選擇的合適圖片
全程時間：20 到 30 分鐘
最合適的人數：1 到 5 人

活動帶領

1. 討論一下，讓我們自己四周充滿了能讓我們快樂的東西、人和活動，可有助於降低
    憂鬱的影響。
2. 給孩子幾分鐘的時間很快回想一下有哪些事物能讓他們快樂。
3. 請孩子想像一個房間，裡面擺滿了這些事物。
4. 給孩子大約 10 分鐘的時間，畫出自己的快樂空間。
5. 讓孩子向大家介紹一下自己的快樂空間，並說說自己在這個空間裡擺設了哪些東
    西。

討論問題

▶   在你的快樂空間裡，你最喜歡的東西有哪些呢？

▶   別人的快樂空間裡，有哪些很棒的構想呢？

▶   能夠隨時接觸到讓你快樂的事物，對於減緩憂鬱的症狀，能帶來什麼樣的幫助呢？

達人訣竅

▶   請鼓勵孩子別只想到物品。例如還可以想到寵物、和一個朋友玩牌，或美麗的大自
    然風景。

▶   請允許孩子天馬行空發揮創意，讓孩子用任何他們想要的方式完成自己的創作。例
    如用文字來代表快樂的事物或做一幅拼貼畫。

▶   可以問一問，有哪些東西是孩子已經畫在自己的快樂空間裡，又有哪些東西是他們
    想要卻還沒有得到的。

蒙眼自畫像

練習接納自己

級別二
認識憂鬱

你將需要用到：眼罩或能蒙住眼睛的東西、筆和紙
全程時間：15 到 20 分鐘
最合適的人數：1 到 6 人

活動帶領

1. 請孩子定義何謂自畫像，並聊聊這種藝術類型經常會傳遞關於畫中人物的哪些資訊，例如個性和外表特徵。

2. 告訴孩子，他們將有 5 分鐘的時間，在蒙住眼睛的狀態下，創作一幅自畫像。討論一下可能會遇到哪些挑戰。

3. 請向孩子說明，自畫像可以包括休閒嗜好、正面的特質，和其他任何他們想和大家分享的資訊。

4. 完成自畫像以後，請孩子拿掉眼罩，看一看並分享自己的作品。

5. 讓孩子討論一下他們對自己自畫像的感受，以及蒙住眼睛進行這項活動時遇到了哪些困難。請談一談，敵對式的競爭有可能導致人難以開創自己理想的生活。

6. 討論一下，接納自己──尤其是在艱困的時刻──有助於減緩我們對自己的負面感受。

討論問題

▶ 你的自畫像是否和你原先想像的不一樣？哪裡不一樣呢？

▶ 談談是否有哪次，你因為遇到了阻礙，而未能按照計畫進行。

▶ 接納自己，如何幫助你適應生活，尤其是在競爭激烈的時刻？

達人訣竅

▶ 如果孩子不願意蒙住眼睛，請改用別的方式遮住他的視線。

▶ 開始畫畫之前，孩子可以想一想自己有哪些正面特質，這樣能讓孩子更容易集中注意力。

▶ 由於自畫像很多都不會是孩子自己原先所想像的模樣，因此在分享作品時，請確保成員之間是保持尊重且支持的態度。

散步兼散心

利用散步中斷負面的思考模式

級別二
認識憂鬱

你將需要用到：不需要任何用品
全程時間：15 到 20 分鐘
最合適的人數：1 到 6 人
事前準備：找一個室內或戶外的場地，空間要足夠孩子隨意走動。

活動帶領

1. 討論一下，罹患憂鬱症的人，有時會受困在一連串反覆不斷的鑽牛角尖思緒裡。請向成員說明一些簡單的活動，例如散步，就能有助於打斷這個負面循環。

2. 給孩子 5 到 10 分鐘的時間，單純在四周走一走和留意自己身邊的環境景象。請孩子只要一發現自己內心浮現負面的想法或情緒，就在心中默唸他們散步時所看到的事物。

3. 散步結束後，讓孩子討論一下各自對這個活動的想法和感受。

討論問題

▶ 你在這次的散步過程中有什麼感覺？

▶ 請描述一下是否有某次，你難以排解負面的想法或情緒。

▶ 你如何把散步納入日常生活中，藉此幫助你統整自己的想法呢？

達人訣竅

▶ 可以提供一系列的東西，讓孩子在散步時尋找觀看，以協助孩子集中注意力。

▶ 如果場地是在室內，可以在場地四處擺設一些有趣的物品，孩子散步時就能在內心默唸這些物品。

▶ 可以鼓勵孩子在活動過程中不要交談，因為散步時獨自一個人比較容易模擬鑽牛角尖的感覺。

我的社群，我的資源

繪製一張地圖，
標示出身邊有助於緩解憂鬱的資源

級別二
認識憂鬱

你將需要用到：紙、筆、彩色鉛筆、彩色筆
全程時間：20 到 30 分鐘
最合適的人數：1 到 5 人

活動帶領

1. 討論一下孩子感到憂鬱和孤單的時候。
2. 一起想一想，心情憂鬱時，孩子可以善用哪些資源。
3. 給孩子幾分鐘的時間想一想，他們覺得自己像要被憂鬱感淹沒時，能夠向哪些人或地方尋求支援。必要時，可以說一些引導語，例如：「你需要談內心的感受時，誰是你能信賴的人？」
4. 讓孩子畫一張「地圖」，辨識出能協助他們管理憂鬱感、安全且可信賴的人和地方。
5. 請鼓勵孩子在地圖上標示出越多安全地標越好，並寫下為什麼這些地標是有幫助的。例如：「去一趟附近的公園，能讓我覺得比較不孤單。」
6. 分享並討論每個人的地圖。

討論問題

▶ 感到憂鬱的時候，你最信賴的資源有哪些？為什麼呢？
▶ 感到憂鬱的時候，你很容易就能造訪的地標有哪些呢？
▶ 手邊列出一系列資源以後，如何幫助你更願意向別人尋求支援呢？

達人訣竅

▶ 可以運用一開始一起想出的點子，協助孩子辨識出地標。
▶ 可以讓孩子替自己的地標加上顏色。比方說，橘色也許代表能讓孩子感到快樂的地方，而藍色也許是能協助他們平撫心情的人。
▶ 如果孩子在繪製地圖上有困難，可以改成寫「如果……那麼……」敘述句。例如：「如果家裡的氣氛讓我感到不堪負荷，那麼我可以找我最好的朋友聊一聊，尋求支持。」

懷著感恩擲骰子

培養感恩的心

級別二
認識憂鬱

你將需要用到：骰子、白板和白板筆、感恩類別列表
全程時間：15 到 25 分鐘
最合適的人數：3 到 8 人
事前準備：列舉出幾大類值得孩子感恩的事物，例如健康、家庭、特殊才華或友誼，然後寫在白板上。

活動帶領

1. 要成員定義何謂感恩，並舉一些例子說明他們感恩的事情。請向成員說明，感恩的心能舒緩憂鬱症狀，幫助我們專注於生活中一些比較積極正面的面向。
2. 讓孩子圍著一張桌子坐下來。請向孩子解釋「感恩遊戲」的規則：
   - 每位玩家輪流擲骰子，然後根據所擲出的點數，列舉出他覺得感恩的事物。比方說，如果你擲出 5 點，就列舉出五件事物。
   - 玩家們要從白板上列出的類別中，選出他們覺得感恩的事物。
   - 每位玩家都要從類別列表中，挑選一個不同的類別。

討論問題

▶ 哪個類別讓你覺得最難選出覺得感恩的事物？為什麼呢？
▶ 有哪些回答內容讓你感到意外，或讓你多思考了一番？
▶ 每天撥一點時間培養感恩的心，如何有助於改變你對人生的看法呢？

達人訣竅

▶ 假如孩子對某個類別有困難，他們可以列舉自己所感恩的一般事物。
▶ 可以提供一組有好幾種不同類別的紙牌，然後讓孩子在每次擲骰子前先隨機抽一張牌。
▶ 如果想增加這個遊戲的挑戰性，可以讓孩子在每一回合自己想出類別。

快速的連結

感到自己和同儕更有連結

級別二
認識憂鬱

你將需要用到：乒乓球或彈力很強的球
全程時間：20 到 30 分鐘
最合適的人數：4 到 12 人（成員人數最好為雙數）
事前準備：把球兩兩標上編號（即編號 1 號的球 2 顆、編號 2 號的球 2 顆，以此類推），並確認球的數量足夠所有參與者使用。

活動帶領

1. 讓成員在室內的一側排成一列。把球統統拋向室內的另一側。
2. 要每個孩子各撿一顆球。
3. 每個人手上都有一顆球以後，要孩子根據自己球上的編號，兩兩一組搭檔。
4. 指示每個小組用 1 到 2 分鐘，探索關於搭檔的三件事。
5. 讓每個小組討論一下搭檔彼此間有哪些共通處。
6. 反覆進行這個流程，讓不同的孩子都有搭檔的機會。
7. 討論一下成員的感想。

討論問題

▶ 請說一件你今天所得知關於另一名搭檔的事情。
▶ 發現了自己和同儕有相似處以後，你有什麼感覺呢？
▶ 和別人建立連結，如何讓憂鬱的人感到比較不孤單呢？

達人訣竅

▶ 假如手邊沒有球，也可以用撲克牌或數字卡替代。
▶ 可以替每一回合提供一個不同的討論類別。
▶ 可以增加每個小組所必須找出的共通處數量，讓這個遊戲更有挑戰性。

打開話匣子

練習和你信賴的人談談心事

級別三
管理日常生活中的憂鬱

你將需要用到：名片卡
全程時間：20 到 25 分鐘
最合適的人數：2 到 8 人

活動帶領

1. 討論一下，和自己信賴的人談談自己較難處理的感受，對心情憂鬱的人是有幫助的。請孩子舉一些例子。
2. 給每個人兩張名片卡。請孩子在一張卡片上，寫下一個他們覺得難以啟齒的主題。請孩子在另一張卡片上，簡單描述一個他們信賴且願意向對方傾吐心事的人（例如棒球教練或最好的朋友）。請告訴孩子並讓孩子放心：這些作答都將保持匿名。把兩組卡片都收回來，充分洗牌。
3. 讓孩子兩兩一組搭檔。請每組搭檔的一名成員，從兩疊卡片中各抽出一張。
4. 給每組搭檔幾分鐘的時間，根據自己所抽到的主題／對象卡片，進行角色扮演。
5. 討論一下成員之間的進展和發現。

討論問題

▶ 你感到心情憂鬱時，向別人尋求支持難不難呢？怎麼說？
▶ 角色扮演的過程中，你的搭檔是如何向別人尋求支持呢？
▶ 身邊有了一群可信賴的人作為後盾以後，如何協助你管理憂鬱呢？

達人訣竅

▶ 可以鼓勵孩子在自己角色扮演的對話中多添加一些細節，讓角色扮演越貼近真實越好。
▶ 這個活動比較適合已經擁有一些支持的孩子。
▶ 可以把角色扮演先暫停一下，向所有成員特別介紹一些向別人尋求支持的正面例子。例如：問問對方現在有沒有空，能不能私下聊幾分鐘；談的時候，找一個安全而隱密的地點；或說出自己覺得自己此刻需要多一點加油打氣。

我自由時間的時間表

評估孩子如何運用自己的自由時間

級別三
管理日常生活中的憂鬱

你將需要用到：白板和白板筆、筆、紙、螢光筆、彩色鉛筆或彩色筆
全程時間：20 到 35 分鐘
最合適的人數：1 到 6 人

活動帶領

1. 討論一下，我們於自由時間參與的休閒活動，其實對我們的生理和心理健康都有很大的影響，包括對憂鬱心情也有影響。
2. 請孩子舉一些例子說明什麼是休閒活動，以確認孩子確實了解這個概念。一起腦力激盪想出一些類別，例如體育活動和使用螢幕的時間。把這些類別寫在白板上。
3. 讓孩子重新回想上個週末，以小時為單位，重建一下自己醒著的時間都做了些什麼事，並用不同的顏色標示每個類別。
4. 鼓勵孩子分享自己回想到的內容。
5. 討論一下，休閒活動能促進我們的身心平衡和整體身心健康。
6. 請孩子為下個週末設計一個休閒時間表，並納入好幾種不同的類別。

討論問題

▶ 你在自由時間最喜歡做哪些事情？
▶ 你認為哪些活動對於管理憂鬱心情最有助益？
▶ 你是否已經準備好且願意依循你新的休閒時間表呢？為什麼願意或為什麼不願意呢？

達人訣竅

▶ 假如孩子批評了其他孩子的回想內容，請務必介入調解，尤其是牽涉到心情憂鬱的孩子時。
▶ 在腦力激盪想出類別的橋段完成之後，可以從中選出一些你希望在孩子時間表中特別加強的類別。例如運動、社交、創意發揮和放鬆活動。

自我照顧動動腦

探索能舒緩憂鬱心情的
自我照顧策略

你將需要用到：筆和紙
全程時間：20 到 25 分鐘
最合適的人數：1 到 4 人

級別三
管理日常生活中的憂鬱

活動帶領

1. 請定義自我照顧為刻意用來照顧自己心理、情緒和生理健康的活動。讓孩子舉一些例子。請向孩子說明，自我照顧的方式有很多種。
2. 請介紹以下這六種類別：生理、心理、職業／教育、個人、靈性，以及情緒。請孩子替每一種類別加以定義並舉例說明。
3. 讓孩子把一張紙區分成六個部分，每個部分各代表一個類別。
4. 給孩子 1 到 2 分鐘的時間動動腦，然後簡單就每個類別寫下一些自我照顧的構想。
5. 接著請孩子在自己覺得最有共鳴的自我照顧構想旁邊標上星星。
6. 分享自我照顧的構想並討論一番。

討論問題

▶ 你最喜歡的自我照顧構想有哪些？

▶ 哪些類別讓你覺得最難想出構想呢？

▶ 你認為自我照顧如何有助於管理憂鬱心情呢？

達人訣竅

▶ 成員人數較多時，可以在室內四周張貼各種類別的海報板。然後讓孩子輪流遊走各站，填上構想。

▶ 請確認孩子在開始動動腦以前，已經確實明白各種不同的類別。

▶ 必要時，可以讓孩子檢視一遍自己的結果，聊聊正面的自我照顧方式，和它如何有助於減緩憂鬱的症狀。

闖關賽跑

從事簡單的運動，
以舒緩憂鬱心情

級別三
管理日常生活中的憂鬱

你將需要用到：紙、膠帶
全程時間：20 到 30 分鐘
最合適的人數：4 到 10 人
事前準備：找一個室內或戶外的場地，空間要足夠孩子活動。

活動帶領

1. 請成員討論一下自己最喜歡的運動方式，和從事這些活動以後感覺如何。
2. 請向成員說明，運動能促進大腦分泌快樂的化學物質和降低壓力，進而有助於減緩憂鬱的症狀。
3. 請每個孩子向所有成員示範一種有助於自己心情變好的運動方式。
4. 請設計一個闖關賽／接力賽的闖關場地，把先前提到的所有運動方式都編排進去。在這個運動場地的各處設置一些關卡，並設立文字指引看板。把指引內容貼在牆上，或固定在地上。
5. 把成員分成好幾個小隊。
6. 要每隊先派出一人完成闖關，之後再由另一名隊友接棒。
7. 如此繼續，直到每個人都完成闖關。

討論問題

▶ 你最喜歡哪些運動方式？哪些運動方式的挑戰性最高呢？
▶ 請舉出一種方式，讓你能在日常生活中更常運動，以舒緩憂鬱心情。

達人訣竅

▶ 如果孩子所提出的運動方式，需要用到某種你手邊沒有的器材，可以請孩子演出這種運動方式。
▶ 歡迎替其他沒被提到的運動方式設置關卡，例如某個簡單的瑜伽姿勢。
▶ 請務必確認每種運動方式都是每個人的能力範圍可及的。

善用我的才華

檢視支援別人的好處

級別三
管理日常生活中的憂鬱

你將需要用到：紙、筆、彩色鉛筆或彩色筆
全程時間：20 到 30 分鐘
最合適的人數：1 到 6 人

活動帶領

1. 討論一下，幫助別人能有助於提升自信心和自我價值，並改善憂鬱的症狀。
2. 聊一聊孩子如何善用自己獨一無二的才華幫助別人。
3. 給孩子 5 到 10 分鐘，設計一則廣告，主打自己一些獨一無二的才華。必要時，可以舉一些例子向孩子說明何謂才華。孩子將向大家分享自己的廣告，並說明自己的才華如何為別人效力。
4. 討論一下一些不同的志工構想和機會，例如從事課業輔導或協助分發愛心餐。
5. 請孩子在廣告的背面，列舉出三種他們具體可行的助人方式。
6. 給孩子一個機會分享自己打算如何幫助別人。

討論問題

▶ 你認為你的哪些才華最能夠幫助到別人呢？

▶ 你對於支援和幫助別人有什麼感覺呢？

▶ 你認為如助人這類的無私舉動，如何有助於管理憂鬱心情呢？

達人訣竅

▶ 可以替廣告提供一些引導語，例如：「我的名字是_____，以下是我所能提供的協助。」

▶ 可以列舉出地方上的一些志工機會，供孩子認識探索。

▶ 可以協助孩子根據自己所列出的選項，擬出著手幫助別人的三個確實可行的步驟。例如看看我的時間表裡有哪些空檔時間、打電話給志工媒合單位，或參加一場志工培訓說明會。

第八章

霸凌

　　霸凌指的是違反當事人意願的攻擊式行為，受攻擊者往往是在霸凌者眼中顯得弱小的人。這在面對面的時候或在網路上都有可能發生，霸凌行為包括騷擾、謾罵、偷偷跟蹤、恐嚇，和肢體暴力。可惜，很多青少年都欠缺獨力對治霸凌的應對和溝通技巧。

　　在發展的這個階段，青少年尤其容易受霸凌所苦，因為他們經常想尋求同儕的認同和接納。霸凌事件有可能使青少年為了建立歸屬感和自信所付出的努力統統毀於一旦。本章的活動可以帶孩子認識什麼是霸凌，以及如何降低和／或消除霸凌所帶來的傷害。

　　這一章的活動一共分為三種級別：「認識霸凌」（級別一）、「應對霸凌」（級別二），和「對霸凌免疫」（級別三）。級別一的活動能帶孩子認識什麼是霸凌行為和霸凌看起來是什麼模樣。級別二提供孩子具體可行的應對霸凌方法。最後，級別三的活動將介紹孩子所能採取的一些步驟，讓自己免於遭受霸凌。

霸凌是什麼？

檢視孩子對霸凌的認知

級別一
認識霸凌

你將需要用到：紙、筆、白板和白板筆
全程時間：20 到 25 分鐘
最合適的人數：2 到 8 人

活動帶領

1. 請孩子說說自己對霸凌的定義。
2. 討論一下霸凌時常見的一些行為。
3. 給孩子 7 到 10 分鐘，繪製一幅霸凌者肖像，類似「通緝懸賞」海報。海報上應列出典型的一些霸凌行為、霸凌者來往的對象、霸凌者欺壓的對象，和霸凌者施暴的可能原因。
4. 給孩子一個機會向大家介紹自己的霸凌者肖像。
5. 討論一下心得。

討論問題

▶ 霸凌事件最常見的特徵有哪些？
▶ 你畫的霸凌者肖像，和其他人畫的肖像有什麼不同呢？
▶ 認識霸凌行為，如何幫助你避免淪為目標呢？

達人訣竅

▶ 孩子並不需要以特定某人作為構思對象，只要根據自己對霸凌的經驗和了解來繪製肖像即可。
▶ 如果時間允許，可以請孩子畫出兩幅肖像：一個典型霸凌者，和一個網路霸凌者。
▶ 如果想帶孩子多認識幾種不同類型的霸凌，可以增加時間討論一些不同情境下的各式霸凌行為。

霸凌的類型

討論和評估不同類型的霸凌

級別一
認識霸凌

你將需要用到：紙、筆、白板和白板筆
全程時間：20 到 25 分鐘
最合適的人數：2 到 8 人

活動帶領

1. 請每個成員描述一下自己最熟悉的霸凌類型。
2. 討論一下霸凌有哪些類型。一起腦力激盪想一想霸凌的類型，然後寫在白板的某一側。
3. 以下只要有沒被成員提出來的類型，就增列到白板上：網路霸凌、學長姊強迫學弟妹做某些事情、騷擾、酸言酸語、製造衝突、謾罵、孤立排擠某人、散播謠言、威脅、惡作劇、恫嚇、仇恨言論、毆打和恐嚇。
4. 請孩子從白板上所列出的霸凌類型中，選出自己認為傷害最大的五種類型，然後在一張紙上寫下來。
5. 接著請大聲唸出白板上的每一種霸凌類型，如果該類型有入選孩子的五大類型之中，就請孩子舉手。在每一種霸凌類型旁，以「正」字記錄數量。
6. 討論一下成員們的心得。

討論問題

▶ 你曾遇過或目睹過最常見的霸凌是哪一種？
▶ 這場活動中所討論到的哪一種霸凌類型讓你最意外呢？怎麼說？
▶ 認識了霸凌的類型以後，如何讓你對霸凌行為更有免疫力呢？

達人訣竅

▶ 如果時間允許，可以考慮讓孩子進行不同霸凌類型的角色扮演，認識各類型之間的差異。
▶ 可以討論一下，各種類型的霸凌——就算是看似無傷大雅的類型——都可能對別人造成負面影響。
▶ 可以讓每個孩子說明一下，為什麼他們覺得某種霸凌類型的傷害最大。

不只是霸凌

帶孩子轉換他們對霸凌的看法

級別一
認識霸凌

你將需要用到：黏土
全程時間：20 到 30 分鐘
最合適的人數：1 到 6 人

活動帶領

1. 要孩子想一下某次自己遇到或目睹霸凌事件的經驗。

2. 請孩子利用黏土重現當時的場景。要孩子特別呈現出霸凌者眼中的被霸凌者是如何，而被霸凌者眼中的霸凌者又是如何。

3. 請告訴孩子並讓孩子放心，他們的作品並不需要很精美，只要能呈現出當時的互動情形就行了。

4. 分享並討論孩子的作品。

5. 請和孩子談談，練習培養自信和透過我們的儀態流露出自信，可以降低霸凌行為的影響。請舉一些例子說明什麼是自信的儀態。

6. 請指引孩子，保留霸凌黏土作品原本的場景，不過重新塑造一下被霸凌者，讓被霸凌者變得更有自信且更勇於對抗霸凌者。

7. 討論一下每個人的結果。

討論問題

▶ 你的第一個場景和第二個場景有什麼樣的差異呢？

▶ 你覺得自信看起來是什麼樣子？

▶ 你可以透過哪些方式，練習培養自信的肢體語言，來面對霸凌行為呢？

達人訣竅

▶ 假如手邊無法取得黏土，孩子也可以用畫的，或甚至演出某個場景。

▶ 孩子在捏塑自己的第一個黏土場景時，請說些引導的話語。例如：「你如何呈現霸凌者和被霸凌者的肢體語言呢？」

▶ 某些類型的霸凌可能較難以呈現。假如孩子在呈現某個場景時有困難，可以建議孩子換個比較容易捏塑的常見場景。

網路霸凌截圖

認識網路霸凌的模樣

級別一
認識霸凌

你將需要用到：紙、筆、彩色鉛筆或彩色筆
全程時間：20 到 25 分鐘
最合適的人數：1 到 6 人

活動帶領

1. 討論一下幾種不同類型的霸凌。讓孩子舉例說明。

2. 介紹一下什麼是網路霸凌——哪些人會在網路上霸凌別人、網路霸凌是什麼模樣，諸如此類。

3. 接著，討論一下網路霸凌對當事人的影響，例如使他們感到自己遭暴露了、變得脆弱了、受羞辱了和不舒服。

4. 要孩子畫一幅「截圖」，呈現典型的網路霸凌。

5. 讓每個孩子都介紹一下自己的截圖，並談談為什麼自己認為這樣是霸凌。

6. 聊聊成員之間的心得。

討論問題

▶ 你今天看到了什麼很有意思的網路霸凌例子呢？

▶ 網路霸凌對一個人可能造成什麼樣的傷害或損失呢？

▶ 認識網路霸凌以後，如何避免你自己未來淪為被霸凌的對象呢？

達人訣竅

▶ 如果時間允許，可以讓孩子多畫幾張截圖。

▶ 為了讓孩子了解網路霸凌所牽涉的層面有多廣，可以把網路霸凌分成幾個不同的類別，例如騷擾、謾罵、仇恨言論等等。

▶ 如果時間允許，可以聊聊這每一幅截圖可能對當事人造成什麼影響。

傷人的言詞

辨識傷人的言論並討論
如何忽視這類言論

級別一
認識霸凌

你將需要用到：白板和白板筆
全程時間：20 到 25 分鐘
最合適的人數：2 到 8 人

活動帶領

1. 列舉出霸凌者常對別人做出的一些行為。
2. 討論一下，言詞也可能傷人。要孩子列舉出霸凌者可能會使用的一些傷人字眼，並在白板寫下來。
3. 白板上有好幾個傷人字眼以後，就談談這些字眼對我們可能產生什麼負面影響。
4. 討論一下，可以用哪些方式忽視這些傷人的言論，例如避免和霸凌者狹路相逢、瀟灑離去、提醒自己會發生這種事並不是你的錯、找好朋友一同散散步等等。
5. 讓孩子談談自己過去曾用過哪些方式應對說話傷人的人。

討論問題

▶ 你認為言詞為什麼對人的影響這麼大呢？
▶ 請談談有哪次你曾經目睹或遇到說話傷人的人。
▶ 學習忽視傷人的言詞，如何讓你對這類言詞更有免疫力呢？

達人訣竅

▶ 可以聊一聊為什麼某些言詞特別傷人。
▶ 如果時間允許，可以讓孩子用角色扮演的方式，呈現如何忽視霸凌者的傷人言詞或如何瀟灑離去。
▶ 在這個活動中，可以限制只能使用某些字眼。

堅定表達自己的立場

透過角色扮演練習
堅定表達自己的立場

級別二
應對霸凌

你將需要用到：白板和白板筆
全程時間：20 到 25 分鐘
最合適的人數：4 到 8 人

活動帶領

1. 討論一下，有哪些特徵可能使人比較容易淪為被霸凌的對象。把這些特徵在白板的左側一一列出來。

2. 腦力激盪想一想，有哪些特徵可能使人比較不容易淪為被霸凌的對象。把這些特徵在白板的中央一一列出來。

3. 請把堅定表達自己的立場定義為：在言詞和行動上都顯得自信而勇敢。要孩子舉一些堅定表達自己立場的例子。

4. 必要時，請提供一些堅定表達自己立場的例子，例如，以自信的態度說話，或不理會意圖挑釁的人，心平氣和從現場瀟灑離去。

5. 一起腦力激盪想一想，孩子可以用哪些堅定表達自己立場的方式，去回應霸凌者。把這些方式在白板的右側一一列出來。

6. 讓孩子進行角色扮演，劇情是有霸凌者意圖挑釁。

7. 討論一下孩子對這些角色扮演的心得。

討論問題

▶ 堅定表達自己立場的言行舉止，有哪些常見的特質呢？

▶ 你認為霸凌者在遇到堅定表達自己立場的對象時，為什麼態度會比較收斂？

▶ 練習堅定表達自己的立場，如何在你自己被霸凌，或遇到其他人被霸凌時派上用場呢？

達人訣竅

▶ 假如孩子在進行角色扮演時難以堅定表達自己的立場，可以先暫停下來，問問其他成員能提供什麼樣的建議。

▶ 請確認孩子清楚明白「堅定表達自己的立場」和「攻擊式行為」兩者是不同的。

這不是你的錯

體認到霸凌事件不是你的錯，
並培養出一個更客觀的看待方式

級別二
應對霸凌

你將需要用到：白板和白板筆
全程時間：20 到 30 分鐘
最合適的人數：4 到 10 人

活動帶領

1. 討論一下青少年之間一些常見的霸凌方式，然後一一寫在白板上。
2. 從中選出一個情境，請兩名自願者來演出。給兩人幾分鐘的時間安排彼此的角色扮演。
3. 演出結束後，談一談當事人遭到霸凌可能的原因為何、霸凌者在情緒上和溝通上可能正面臨哪些潛在的難題，以及任何其他可能導致這起霸凌事件的前因後果。
4. 討論一下有哪些原因顯示這起霸凌事件並不是被霸凌者的錯，然後把原因一一寫在白板上。
5. 在時間允許下，繼續進行角色扮演和事後討論。
6. 最後請總結各成員的心得作為收尾。

討論問題

▶ 為什麼遭到霸凌的人可能會認為這起霸凌事件是他們自己的錯？
▶ 你為什麼也應該要把霸凌者正面臨的難題納入考量？
▶ 檢視導致霸凌行為的種種因素以後，如何幫助你了解這並不是受害者的錯呢？

達人訣竅

▶ 請務必確保要以尊重的態度進行角色扮演，以免觸發某成員內心尚未復元的心理創傷或其他傷痛。
▶ 可以試著提供一些機會讓孩子看到，霸凌者內心受苦的程度，也許和被霸凌者的受苦程度不相上下。請提醒孩子，霸凌絕對是不適當的行為，但霸凌行為的起因，有可能是因為不懂得如何妥善溝通和表達情感。
▶ 請一而再再而三不厭其煩重申：霸凌絕對不是受害者的錯。

自信的儀態

練習自信的肢體語言

級別二
應對霸凌

你將需要用到：筆和紙
全程時間：20 到 25 分鐘
最合適的人數：1 到 6 人

活動帶領

1. 請談一談肢體語言和它所能傳遞出的訊息。請擺出幾種不同的姿勢儀態舉例說明。要孩子猜一猜這些姿勢儀態各傳遞出什麼樣的訊息。

2. 請孩子畫一張圖，呈現一個儀態顯得欠缺自信的人。要孩子標示出最關鍵的一些特徵。

3. 讓孩子分享自己的畫作。

4. 在紙的背面，請孩子畫一個儀態顯得自信的人，並標示出最關鍵的一些特徵。

5. 請孩子比較一下兩幅畫的異同，並分享自己的心得。

6. 讓每個孩子輪流來到大家面前，擺出自己最自信的姿勢儀態，也說說為什麼自己這樣的肢體語言是在表達自信。

討論問題

▶ 你覺得你平常的姿勢儀態有表達出自信嗎？為什麼有或為什麼沒有呢？

▶ 請說出一個你認為非常有自信的人。你為什麼會選擇這個人呢？

▶ 察覺到自己的肢體語言後，如何讓你顯得更有自信呢？

達人訣竅

▶ 必要時，可以在孩子分享完缺乏自信者的畫作後，提供一些關於自信肢體語言的小訣竅。

▶ 請特別多鼓勵和引導害羞內向的孩子。

▶ 如果時間允許，可以在活動的尾聲，讓每個人都站起來，擺出一個缺乏自信的姿勢儀態。然後再要孩子換成自信的姿勢儀態。

瀟灑離去是可以的

自己決定瀟灑離去的最佳時間點

級別二
應對霸凌

你將需要用到：紙、筆、白板和白板筆
全程時間：25 到 30 分鐘
最合適的人數：3 到 6 人

活動帶領

1. 問一問孩子對這樣有什麼看法：關於遇到霸凌行為，直接瀟灑離去。

2. 討論一下，自信地瀟灑離去，很可能是讓霸凌者打消念頭的最佳辦法。這麼一來，你可以保持從容的態度，同時又表現出你並不想浪費時間去應付霸凌者。聊一聊怎樣是自信地瀟灑離去。

3. 給孩子 5 到 10 分鐘，以瀟灑離開霸凌現場為主題，寫一首詩或一段饒舌歌。可以用這個題名「我瀟灑離開……這樣很可以。」（I'm Walking Away…and It's Okay.）作為發想靈感。

4. 請鼓勵孩子利用以下情節：遭到霸凌、自信地瀟灑離去，而且在情緒劇烈起伏時仍保持從容的態度。

5. 讓孩子分享自己所寫的詩句或饒舌歌詞。請把一些佳句寫在白板上，供大家討論。

討論問題

▶ 請描述某次你從霸凌事件或其他不愉快的情境瀟灑離去。後來情形如何呢？

▶ 有沒有別人的哪些詩句或歌詞，讓你很有共鳴呢？

▶ 面對霸凌時，瀟灑離去為什麼能發揮效果呢？

達人訣竅

▶ 請鼓勵孩子在構思詩句或饒舌歌詞時，可以天馬行空，越有創意越好。

▶ 請設定一些基本規範，例如要使用適當的言詞，而且要保持尊重的態度。

▶ 假如孩子寫不太出來，可以提供開頭的一、兩句作為靈感來源。

保持堅強的咒語真言

面對霸凌和其他困境時依然保持堅強

級別二
應對霸凌

你將需要用到：白板和白板筆、名片卡、筆、彩色鉛筆或是彩色筆

全程時間：25 到 35 分鐘
最合適的人數：1 到 5 人

活動帶領

1. 討論一下，霸凌者最愛打擊別人了。他們的言行舉止都是想讓你崩潰，讓你的自信心瓦解。

2. 請介紹咒語真言的概念，也就是一些簡短的字句，可以讓人在自己心中不斷默唸，藉此整頓自己的思緒。

3. 讓孩子以舒服的姿勢坐下來，然後閉上雙眼。請孩子把注意力放在自己的呼吸上。要孩子每次吐氣，就在心中默唸一句咒語真言，例如「我現在很平靜」。

4. 經過 3 到 5 分鐘後，帶孩子睜開眼睛，討論一下對這個小練習的感覺。

5. 請向成員說明，唸咒語真言可以是對抗霸凌一種有效的內在防禦。一起腦力激盪想一想可以用哪些咒語真言來對抗霸凌。把想到的例子寫在白板上。

6. 要孩子把自己的咒語真言寫在一張名片卡上，願意的話，也可以加以裝飾。建議孩子，可以把自己的咒語真言放在口袋裡或包包裡隨身攜帶，作為提醒。鼓勵孩子每天練習唸自己的咒語真言至少五次。

討論問題

▶ 做完這個小練習以後，你發現有什麼不同嗎？

▶ 你為什麼會選擇你的這句咒語真言呢？

▶ 默唸咒語真言，如何有助於整頓負面的情緒，尤其是遭到霸凌的時候？

達人訣竅

▶ 可以鼓勵孩子用「我現在……」作為自己咒語真言的開頭，這樣思考時是考慮當下的自己，而不是某個理想狀態下的自己。

▶ 可以多提供一些咒語真言的例子，例如「我現在很堅強」或「我現在很有自信」。

▶ 可以請孩子記錄一下自己每天練習唸自己的咒語真言多少次。

超級版的我！

讚賞並肯定自己的正面特質

級別三
對霸凌免疫

你將需要用到：紙、筆、彩色鉛筆或彩色筆
全程時間：25 到 35 分鐘
最合適的人數：1 到 6 人

活動帶領

1. 討論一下，青少年經常倚賴別人的回饋意見和評論來認可自己。請孩子舉例說明自己通常是在什麼時候和什麼地方吸取回饋意見，例如社群媒體。
2. 讓孩子討論一下尋求別人認同的好處與壞處。
3. 討論一下，覺知到自己的正面特質並肯定這些特質，可以讓我們比較不會依賴別人的認可。
4. 請孩子用「我擅長」為開頭，列出一系列自己的正面特質。例如「我擅長傾聽別人」。
5. 要孩子畫一個超級英雄版的自己，並特別呈現出這些正面特質。
6. 讓孩子分享並介紹超級英雄版的自己。
7. 討論一下所提出的各種正面特質。

討論問題

▶ 你最自豪的正面特質是哪些呢？
▶ 請描述某次你任由別人的評論讓你自己感到缺乏自信。
▶ 相信自己的判斷，如何讓你在面對別人的意見和負面評論時更有免疫力呢？

達人訣竅

▶ 假如孩子對超級英雄沒興趣，可以讓孩子畫其他版本的自己，或採用自己所欣賞的文學或歷史人物。
▶ 請鼓勵孩子替超級版的自己，想出一些很有創意的名號和概念。

我的增強自信法寶

透過休閒活動讓自己感到
更快樂和更有自信

你將需要用到：白板和白板筆、紙、筆、彩色鉛筆或彩色筆
全程時間：20 到 30 分鐘
最合適的人數：2 到 8 人

級別三
對霸凌免疫

活動帶領

1. 討論一下，參與愉快的休閒活動，能讓我們覺得更快樂且更有自信。一起腦力激盪想一想有哪些休閒活動可能可以提升自信。
2. 讓孩子挑選出自己最喜歡的一些休閒活動，並為這些活動設計一則廣告。
3. 請告訴孩子，廣告中必須說明這些活動如何提升自信，以及帶來的各種其他益處。
4. 給孩子一個機會分享自己的作品。
5. 討論一下關於休閒活動的各種心得，以及孩子如何在日常生活中多安排一些這類活動。

討論問題

▶ 你所挑選的這項活動，為什麼能提升你的自信呢？

▶ 別人所提到的休閒活動中，有哪些讓你也躍躍欲試？為什麼呢？

▶ 更有自信以後，如何讓你更有辦法面對霸凌？

達人訣竅

▶ 必要時，可以撥一點時間談談正面休閒活動可能的好處。可以舉一個例子，例如打棒球，然後帶大家一起想一想它所能帶來的好處。

▶ 請向成員說明，休閒活動造福每個人的方式都不一樣。回答的內容沒有對錯之分。

▶ 可以考慮把這些廣告張貼起來，藉以提醒孩子，從事自己所喜愛的事，是非常重要的。

守望相助

建立一套支持網絡以避免霸凌

級別三
對霸凌免疫

你將需要用到：柔軟的球或紙張
全程時間：20 到 25 分鐘
最合適的人數：4 到 9 人

活動帶領

1. 討論一下，霸凌者很喜歡讓霸凌對象落單，好讓對象覺得自己很弱小。

2. 選出兩名自願者，其中一人扮演霸凌者，另一人扮演被霸凌者。

3. 要「霸凌者」拿一顆柔軟的球，或把一張紙揉成一團，扔到被霸凌者的身上。討論一下，一對一的互動下，霸凌者更容易欺負被霸凌的對象。

4. 找一個孩子和被霸凌者並肩站在一起。讓霸凌者再次朝被霸凌者身上扔球，但這一次，請新加入的孩子試著把球擋掉。

5. 討論一下，有他人在場時，霸凌者比較不容易欺負他霸凌的對象。

6. 最後，請其他成員統統和被霸凌者站在一起，並在霸凌者再度扔球時，一起合力把球擋掉。

7. 討論一下，守望相助的支持網絡可以如何降低霸凌的衝擊，讓人比較不容易遭到霸凌。談一談孩子之間如何建立這種支持網絡，共同對抗霸凌。

討論問題

▶ 請描述某次你本身或你所認識的某人成了霸凌者欺負的對象。

▶ 你覺得霸凌者為什麼會想要讓霸凌對象落單呢？

▶ 覺得自己遭到霸凌時，為什麼應該要向別人求助呢？

達人訣竅

▶ 請務必確認用來扔擲的物品是柔軟的而且不會傷到人。

▶ 可以考慮讓角色扮演變得更細膩，讓扮演霸凌者的孩子演出霸凌者的言語和儀態，請扮演被霸凌者的孩子演出被霸凌時的反應。

▶ 請鼓勵孩子構思出一些具體可行的步驟，讓自己不會落單而獨自面對霸凌者。

在網路上注意安全

預防網路霸凌，在網路上注意安全

你將需要用到： 白板和白板筆
全程時間： 20 到 30 分鐘
最合適的人數： 2 到 8 人

級別三
對霸凌免疫

活動帶領

1. 討論一下，網路和科技是如何讓霸凌者多了一些欺負別人的新方法。
2. 聊一聊各種不同類型的網路霸凌，並把所提到的類型寫在白板上。
3. 請引導孩子為某些特定類型的網路霸凌想出解決之道。
4. 一起擬出一套對治網路霸凌的行動方案。這套方案可以包括忽視負面的評論、記錄並保存證據、不隨著霸凌者起舞、封鎖霸凌者且不再有所互動、把帳號狀態改設成「私密」，以及向網站管理員檢舉霸凌者。
5. 討論一下孩子覺得哪些策略最有效。

討論問題

▶ 霸凌者濫用網路，最常見的方式有哪些？
▶ 科技如何讓霸凌者變得更容易欺負別人呢？
▶ 了解如何在網路上保護你自己，為什麼很重要呢？

達人訣竅

▶ 請向孩子講解如何在熱門常用的社群媒體上，更改帳號隱私設定、封鎖使用者，和檢舉霸凌者。
▶ 請舉一些例子說明如何堅定表達自己的立場，藉此讓霸凌者打消念頭。比方說，「你想怎麼罵我，都隨便你罵，但這樣並不能讓你變得更好，也不會讓我變得更不好。」
▶ 可以交由孩子來帶領討論，畢竟他們如今待在網路平台上的時間，可能遠比你來得多。

揭發霸凌

揭發霸凌行為以利保護別人

級別三
對霸凌免疫

你將需要用到：白板和白板筆
全程時間：25 到 35 分鐘
最合適的人數：3 到 8 人

活動帶領

1. 請孩子舉例說說自己是否曾目睹霸凌，而自己又是如何回應。
2. 請向孩子說明並讓孩子放心，見到有人遭到霸凌時，有時確實很難知道要如何反應。
3. 一起腦力激盪想一想，目擊霸凌事件時，可以用哪些方式因應。把所提出的這些方式寫在白板上。
4. 請選出三名自願者，分派以下角色：霸凌者、被霸凌者和目擊者。
5. 給孩子一個常見的霸凌情境劇本，劇情要包括一名目擊者挺身而出，揭發霸凌行為。給孩子幾分鐘的時間，討論一下要如何角色扮演。
6. 讓孩子演出這個劇本。在目擊者揭發霸凌行為以後，讓演出先暫停。
7. 再選出另一個孩子扮演目擊者。把演出「倒帶」回到某個特定橋段，讓這位新目擊者揭發霸凌者。
8. 討論一下揭發霸凌者的各種不同方式。

討論問題

▶ 請描述一下你親眼見到別人被霸凌時（在現實生活中或在角色扮演時都可以）的感受。
▶ 哪位目擊者揭發霸凌者的方式最有效呢？怎麼說？
▶ 為被霸凌者挺身而出，是否會讓情況好轉？還是變得更糟？

達人訣竅

▶ 每次安插新「目擊者」演出時，可以讓這名目擊者自己選擇要「倒帶」回到哪個橋段。
▶ 為了讓角色扮演過程保持尊重的態度，請把霸凌者所能說的話或所能做的事，加以限制規範。

第九章

心理創傷

　　心理創傷是心理與生理對一件重大衝擊事件的後續反應。心理創傷的症狀有可能最後自行淡化消失，也可能演變成更加劇的長期症狀，例如經驗重現、意料之外的情緒起伏，或陷入過長的過度警覺狀態。

　　藉由遊戲活動來治療心理創傷有可能並不容易。重點在於提供一個安全而支持的環境，讓孩子不致遭受二度創傷。帶領經歷過重大創傷的青少年參與活動之前，建議帶領者本身要先接受過相關專業訓練。這一章的活動用意在於協助青少年面對心理創傷，同時要盡量避免可能導致孩子再度經歷創傷的觸發事物和情境。

　　這一章的活動一共分為三種級別：「認識心理創傷」（級別一）、「心理創傷對我的影響」（級別二），和「療癒心理創傷」（級別三）。級別一的活動能給孩子一個關於心理創傷的整體概念，藉此了解心理創傷的來源。級別二的活動能帶孩子了解心理創傷對他們生活可能造成的影響。最後，級別三的活動提供實用的方法面對心理創傷和展開新人生。

我是否有過心理創傷呢？

認識心理創傷和常見的症狀

級別一
認識心理創傷

你將需要用到：白板和白板筆
全程時間：15 到 20 分鐘
最合適的人數：3 到 8 人

活動帶領

1. 鼓勵孩子提出他們自己對心理創傷的定義。
2. 討論一下有哪些類型的事件容易引發心理創傷，並請成員具體舉例說明，例如遭受虐待或天災。把這些舉例寫在白板的一側。
3. 請談一談心理創傷一些最常見的症狀，例如惡夢連連、態度退避畏縮，和對各種活動都失去興趣。把這些症狀寫在白板的另一側。
4. 請描述一些一般較不常見的症狀，然後請成員具體舉例說明。把這些舉例也寫在白板上。
5. 討論一下哪些方式能有助於對治心理創傷，例如找可信賴的對象傾吐、找測驗量表自我評估、參加支持團體，和尋求專業治療以管理相關症狀。

討論問題

▶ 關於心理創傷，你新學到了哪些事呢？
▶ 假如你認為自己目前有心理創傷，有什麼是你今天就能採取的應對之道呢？
▶ 認識心理創傷的影響，為什麼很重要呢？

達人訣竅

▶ 可以提供關於心理創傷的簡介說明。
▶ 討論一下，心理創傷的症狀經常是可以擺脫的，尤其是在能夠獲得適當的自我照顧和支持的時候。
▶ 請務必要提醒孩子，心理創傷不是他們的錯。責怪自己對於療癒並沒有助益。

分享我的遭遇

透過書寫分享創傷經歷
並展開療癒的歷程

你將需要用到：紙、筆、螢光筆
全程時間：20 到 25 分鐘
最合適的人數：1 人

級別一
認識心理創傷

活動帶領

1. 請向孩子說明，人往往很難開口談自己的心理創傷經驗。如果想整理自己創傷相關的思緒和情緒，書寫是一種絕佳的方法。

2. 請運用以下提示問題，引導孩子書寫關於他所經歷過的心理創傷。請向孩子說明並讓他放心，他想分享哪些內容，完全由他自己作主。以下每一個問題請各給孩子 3 到 5 分鐘的時間書寫。

   - 關於我所經歷過的那次創傷，我現在的看法是？
   - 關於那次創傷，還有哪些感受，我仍難以釋懷？
   - 我認為自己或許可以透過哪些方式放下這些感受呢？
   - 我過去的創傷，是否使我無法好好過生活？
   - 現在的我，是否變得比創傷之前更堅強呢？
   - 自從經歷創傷以來，我對自己多了什麼樣的認識呢？

3. 孩子寫完以後，鼓勵孩子把自己願意分享的部分，用螢光筆畫起來。

討論問題

▶ 書寫你的創傷經驗有幫助嗎？怎麼說呢？

▶ 你在書寫的過程有了哪些體會？

▶ 分享你的創傷經驗，如何展開療癒的歷程呢？

達人訣竅

▶ 具備心理創傷治療經驗的活動帶領者，比較適合帶領這個活動。

▶ 書寫內心的創傷經驗，有可能勾起孩子很強烈的情緒。請多多給予支持和鼓勵。

▶ 請接納孩子的各種感受，協助孩子決定接下來想以哪些方式邁向療癒。

創傷不是我的錯

克服自責

級別一
認識心理創傷

你將需要用到：白板和白板筆、小紙條、筆
全程時間： 15 到 25 分鐘
最合適的人數： 3 到 8 人

活動帶領

1. 討論一下，內心有創傷的人，往往會怪罪自己。比方說，某個孩子可能深信，他之所以淪為某個犯罪事件的受害者，都要怪他自己。

2. 帶領成員腦力激盪想一想，人還可能以哪些其他方式，為了自己所無法掌控的事情而自責。把回答內容寫在白板上。

3. 請孩子想一想，他們是否曾因為捲入創傷經驗而自責，又是以什麼方式自責。給孩子幾分鐘的時間思考。

4. 請孩子在小紙條上，寫下他們目前或先前的一些自責方式。請告知孩子，這些回答內容將被用來舉例說明，但會保持匿名。

5. 把紙條收回來，充分混合打散。

6. 大聲唸出每一張紙條的內容，討論一番。對每一則內容都深入談一談，以協助孩子克服自責。

討論問題

▶ 你覺得人為什麼會把創傷經驗怪罪自己呢？

▶ 有哪些其他人的見解讓你覺得很受用呢？

▶ 體認到心理創傷不是你的錯以後，如何讓你對事情改觀呢？

達人訣竅

▶ 儘管我們很想帶孩子體認到創傷不是他們的錯，但請允許孩子盡情表達自己的各種想法。

▶ 可以在活動的一開始，多提供一些自責的例子。

▶ 請讓孩子自己做結論和想出解決的辦法。

辨識難以處理的情緒

探索心理創傷相關的負面情緒

級別一
認識心理創傷

你將需要用到：筆和紙
全程時間：20 到 25 分鐘
最合適的人數：1 到 6 人

活動帶領

1. 討論一下，經歷過創傷事件的人，經常會有難以處理的情緒。請向孩子說明，這種情形很常見，但不見得是無法改善的。

2. 請談一談，辨識並描述出一些不同的情緒，可以讓人更能釐清自己的感受，促進療癒的歷程。

3. 請孩子分享任何和自己創傷經驗有關之難以處理的想法或情緒。

4. 請向孩子說明，很多情緒都可以歸納到這三大類別：羞愧、罪惡感和憤怒。

5. 帶孩子把一張紙分成四個區塊 —— 上述類別各占一區，以及一個其他／不確定區。

6. 請孩子把自己的每一種創傷相關的想法，分別填入對應的區塊。

7. 討論並分享一番，前提是孩子自身也願意。

討論問題

▶ 辨識你的想法難不難？為什麼難，或為什麼不難呢？

▶ 進一步檢視自己的想法和情緒後，你感覺如何？

▶ 認識了創傷經驗相關的一些典型想法和情緒後，如何促進療癒的歷程呢？

達人訣竅

▶ 歸類想法和情緒的時候，請鼓勵孩子盡量依循自己最初的直覺。假如孩子在歸類上有困難，可以歸入其他／不確定區。

▶ 假如孩子的狀態還不適合分享，可以讓孩子舉一個較一般性的例子。

▶ 孩子可以把這張紙帶回家，日後繼續填入更多想法和情緒。

創傷經驗重現

認識什麼是經驗重現和
可能導致經驗重現的原因

級別一
認識心理創傷

你將需要用到：筆、紙、彩色鉛筆或彩色筆
全程時間：20 到 25 分鐘
最合適的人數：1 人

活動帶領

1. 請把經驗重現（flashback）定義為忽然且往往很不舒服地回想起某個過往的事件。請向孩子說明，經驗重現是心理創傷的一種常見症狀。

2. 向孩子簡單介紹什麼是壓力後創傷症候群，以及為什麼會發生經驗重現的情形。

3. 請孩子舉出一些經驗重現的例子，孩子自身遇過的或從別人身上看過的都可以。

4. 給孩子一點時間想一想自己的經驗重現，並請回答孩子在這方面的任何問題。

5. 讓孩子以書寫、畫圖或任何其他創意表達方式，描述出孩子所經歷過的任何經驗重現。請孩子在作品中一併附帶任何警告標語或可能觸發他經驗重現的事物。

6. 討論並分享一番，前提是孩子自身也願意。

討論問題

▶ 你的這些經驗重現，多久發生一次呢？

▶ 是否有某些事物特別容易觸發經驗重現呢？

▶ 了解什麼是經驗重現，為什麼很重要呢？

達人訣竅

▶ 這個活動主要是設計給有經驗重現史的孩子。

▶ 孩子在進行這個活動時，有可能因為某些事物而觸發他經驗重現，請務必事先確認你知道該如何在這種情況下提供協助給孩子。

▶ 在活動的尾聲，可以提供一些對治經驗重現的小訣竅。

會觸發我心理創傷的事物

辨識會觸發心理創傷的事物

級別二
心理創傷對我的影響

你將需要用到：筆和紙
全程時間：20 到 25 分鐘
最合適的人數：1 到 4 人

活動帶領

1. 討論一下某些人、情境和刺激，如何可能觸發心理創傷的症狀。請向孩子說明，常見的創傷症狀 —— 例如態度退避畏縮、令人不安的回憶，和在情緒上感到麻痺 —— 有可能對療癒的歷程造成負面的影響。

2. 請孩子在紙上的正中央位置，寫下自己創傷的一些常見症狀。

3. 請孩子在這些症狀四周，寫下可能觸發這些症狀的一些事物。然後要孩子把最容易觸發症狀的事物圈起來，或在旁邊打一個星號。

4. 讓孩子分享一下自己的觸發事物，並談談其中哪些可以避免，哪些無法避免。

5. 討論一下如何把無法避免的觸發事物減到最少。

討論問題

▶ 最容易觸發你創傷的事物有哪些呢？

▶ 你感到被觸發的時候，最常浮現的感受或情緒有哪些呢？

▶ 認識自己的觸發事物，如何促進療癒的歷程呢？

達人訣竅

▶ 請提醒孩子，即使是不起眼的小事 —— 例如路口的紅綠燈轉變成黃燈，或某種特殊氣味 —— 都可能觸發心理創傷的症狀。

▶ 討論一下，接受心理治療，可有助於讓觸發事物的影響隨著時間而降低。

討回我的自由時間

探索心理創傷對自由時間的影響

級別二
心理創傷對我的影響

你將需要用到：筆和紙
全程時間：20 到 25 分鐘
最合適的人數：1 到 6 人

活動帶領

1. 討論一下，我們可能因為飽受心理創傷所苦，而無法從事自己所喜愛的事情。
2. 請孩子在一張紙上列出自己最喜歡的休閒活動，包括他們從前常喜歡做的一些事情。分享並討論一番。
3. 要孩子在他們仍定期會從事的活動旁打個「○」，在自從創傷事件後就放棄或避免從事的活動旁打個「X」。
4. 討論一下哪些活動受到創傷事件的影響最深。
5. 請孩子試著重拾這其中的一些活動，並想出三個下星期就能採取的可行步驟。
6. 討論一番。

討論問題

▶ 你最想念哪一種休閒活動？為什麼呢？
▶ 探索哪些新的休閒活動，能讓你把注意力更專注在正面的想法上？
▶ 你認為在自己自由時間所做的選擇，為什麼會對療癒歷程有影響呢？

達人訣竅

▶ 請確定孩子已確實了解健康休閒活動的概念。
▶ 有時候，孩子會隨著時間，對先前的休閒活動失去興趣。可以請孩子想一想，他們之所以對某活動不再感興趣，究竟是因為創傷事件還是另有原因。
▶ 有必要的話，下一場活動時，可以設法帶孩子重溫他們最喜愛的一些休閒活動。

接住你的創傷

探索心理創傷的影響

級別二
心理創傷對我的影響

你將需要用到：大球和麥克筆
全程時間：15 到 25 分鐘
最合適的人數：4 到 8 人
事前準備：在一顆大球上，寫下幾個和心理創傷之影響有關的問題。例如「心理創傷對我的課業有什麼影響？」。問題的數量要充足，讓每個孩子都能分配到至少一題。

活動帶領

1. 讓所有成員圍成一圈坐下來。告訴孩子，球拋過來時要接住，並回答最靠近他們右手拇指的那個問題，之後再把球拋給其他人。

2. 請把球拋給其中一個孩子。

3. 整場活動都反覆進行這個流程。

4. 討論一下每個人對這場活動的想法和心得。

討論問題

▶ 聽到其他人的回答內容後，你學到了哪些事呢？

▶ 你最害怕回答的問題是哪一題？為什麼呢？

▶ 談一談你的心理創傷之後，如何讓它變得更容易管理呢？

達人訣竅

▶ 為了讓氣氛稍微輕鬆一些，可以在球上也寫一些無關創傷的問題，例如最喜歡的食物或音樂。

▶ 如果孩子想跳過某一題，可以讓孩子把球拋給你，再由你提供另一題給這位孩子。

對治心理創傷

探索對治心理創傷的一些方法

級別二
心理創傷對我的影響

你將需要用到： 白板和白板筆、便利貼、筆、膠帶
全程時間： 20 到 30 分鐘
最合適的人數： 3 到 6 人

活動帶領

1. 請坦言，對治心理創傷的症狀和影響，有時候相當困難。
2. 討論一下正面和負面的一些對治行為。讓孩子舉例說一說。
3. 給每個孩子三到五張便利貼，請孩子在每一張便利貼上，各寫下一種對治行為。
4. 趁孩子寫便利貼的同時，請把白板分成兩大區：正面對治和負面對治。
5. 把便利貼收回來，充分混合打散。
6. 大聲唸出每一張便利貼上的內容，並讓內容保持匿名。讓所有成員一起判斷，哪些行為屬於正面對治技巧，哪些屬於負面對治技巧。把便利貼一一貼到白板上對應的分區。
7. 談談有哪些方式能用正面的對治技巧取代負面的對治技巧。
8. 討論一下成員之間的心得和成長。

討論問題

▶ 這場活動中最常見的對治行為有哪些？
▶ 你覺得為什麼有些人會選擇負面的對治行為呢？
▶ 多得知一些對治創傷症狀的正面方法後，如何促進療癒的歷程呢？

達人訣竅

▶ 假如成員不熟悉對治技巧的概念，請先加以定義並討論一番。
▶ 評估對治行為的時候，請對事不對人，切勿批判當事人。

令我感到沉重的想法

了解悲觀想法對我們生活的影響

級別二
心理創傷對我的影響

你將需要用到：一小組砝碼或其他能象徵重量的物品
全程時間：20 到 25 分鐘
最合適的人數：3 到 8 人

活動帶領

1. 討論一下，受心理創傷所苦的人，有時內心懷有一些令他們感到沉重的悲觀想法。
2. 請定義悲觀為一種容易把注意力放在生活中負面事物上的傾向。舉一些例子討論。
3. 請向成員說明，悲觀有可能導致提不起勁、憂鬱和絕望，也可能影響到身體健康。
4. 請一名自願者站在大家面前，把一小組砝碼高舉在自己頭頂上方。要這位孩子分享一個可能令他感到沉重的悲觀想法。
5. 在這位孩子繼續高舉砝碼的同時，要其他人喊出一些看待這個情境的正面方式。
6. 讓孩子把砝碼放下來，並深呼吸。問問他，他覺得哪一個建議最有幫助。
7. 換成其他自願者再次進行這個流程。

討論問題

▶ 說說有哪次，悲觀的想法令你很困擾。
▶ 其他人所提出的建議中，哪一個讓你覺得最有共鳴呢？
▶ 學習對治悲觀的想法，如何有助於你個人成長呢？

達人訣竅

▶ 如果不使用砝碼，也可以讓孩子直接把悲觀想法寫在紙上，然後高舉在自己頭頂上方。
▶ 請務必要感謝自願者願意勇敢站出來和聽取其他成員的回饋意見。

善用深呼吸度過艱難的時刻

面對難以處理的情緒時仍站穩腳步

你將需要用到：不需要任何用品
全程時間：15 到 20 分鐘
最合適的人數：1 到 4 人

級別三
療癒心理創傷

活動帶領

1. 討論一下，當難以處理的情緒襲來，令我們不堪負荷時，試著深呼吸是很有幫助的。
2. 請孩子以舒適的姿勢坐下來，雙腳平放地面，或抬頭挺胸站直。請引導孩子觀想以下畫面：
   - 做幾次深呼吸，然後閉上雙眼。
   - 想像你的腳底長出根鬚，不斷往地底下生長蔓延，直達地心。
   - 現在想像你頭頂上方有一道亮光。
   - 吸氣的同時，請想像這道光從你的頭頂灌進來，緩緩注入你全身。
   - 請吐氣，想像你的負面情緒往下沉澱至你的雙腳，滲到根鬚部，一路到地心去。
   - 請繼續這樣吸氣和吐氣幾分鐘。
   - 現在請觀想你的身體充滿了這片能洗滌身心的光芒，讓你的心情和能量都提升了。
   - 用幾分鐘的時間，專注感受這片光芒在你體內流通。
   - 現在再做幾次深呼吸，然後緩緩回到自己所在的場地來。

討論問題

▶ 請描述一個這項活動可以派上用場的情境。
▶ 面對難以處理的情緒時，你認為這類站穩腳步的活動能帶來什麼樣的幫助呢？

達人訣竅

▶ 請務必把現場令人分心的事物減到最少。
▶ 每一個步驟之間，都可以刻意停頓片刻。
▶ 請提醒孩子，他們的思緒很可能會飄走，而且這樣也沒關係；他們只要察覺到之後，再把注意力移回來活動上就行了。

五種感官的小練習

情緒令人不堪負荷時，
設法讓自己站穩腳步

級別三
療癒心理創傷

你將需要用到：不需要任何用品
全程時間：15 到 20 分鐘
最合適的人數：1 到 6 人

活動帶領

1. 討論一下，種種難以處理的情緒襲來，令人不堪負荷時，孩子的感受是如何。
2. 請向成員說明，有時候，即使是很簡單的小活動，都可以讓自己的腦袋「reset 重設」，而讓人覺得自己重新站穩了腳步。
3. 請引導孩子進行以下的小練習：
   - 豎起五根手指，並（高聲或在心中）說出你所看到的五種東西。
   - 現在豎起四根手指，並說出你所觸摸到的四種東西。
   - 豎起三根手指，並說出你所聽到的三種東西。
   - 豎起兩根手指，並說出你所聞到的兩種東西。
   - 豎起一根手指，並說出你所嚐到的一種東西。
   - 現在請做幾次深呼吸。
4. 多做幾次這個小練習，幫助孩子加深記憶。

討論問題

▶ 進行這項活動之前，你的感覺如何？活動之後的感覺又是如何呢？

▶ 你覺得在哪一個特定時機，這項活動應該能帶來助益？

▶ 遇到難以處理的情緒時，學會站穩腳步對你有什麼幫助呢？

達人訣竅

▶ 這個小練習，越熟練效果越好。可以不時就帶孩子練習一下，這樣他們真的有需要時，就更能派上用場。

▶ 這個簡短的小練習也很適合搭配其他活動一起做，尤其如果孩子越來越焦慮或不肯聽話時。

▶ 如果時間允許，可以讓孩子把這個小練習畫成一張圖說，作為視覺上的備忘參考。

建立我的支持系統

規劃在艱難時刻尋求協助的具體計畫

級別三
療癒心理創傷

你將需要用到：筆和紙
全程時間：20 到 25 分鐘
最合適的人數：1 到 5 人

活動帶領

1. 討論一下，對於受心理創傷所苦的孩子而言，擁有一個支持系統是非常重要的。心理創傷的種種感受和症狀有可能令人不堪負荷，所以手邊隨時都能取得協助的資源，十分重要。
2. 要孩子列出自己心情不好時，能前往尋求協助的五個人或資源。
3. 請孩子在每個人或資源的旁邊，寫下自己為什麼會選擇對方，以及對方能如何協助自己。
4. 接著，請孩子具體寫出自己會在什麼時候，向這個人或資源尋求協助。例如：「在我很想要傷害自己的時候，我可以打電話給……」
5. 討論一下擁有盟友夥伴和強大支持系統的重要性。

討論問題

▶ 想出五個能信賴的人和資源難不難呢？為什麼難，或為什麼不難呢？
▶ 請描述某次你覺得自己真的很需要向別人尋求幫助。
▶ 支持系統如何幫助你走出心理創傷呢？

達人訣竅

▶ 可以提供一系列孩子能輕易取得的本地資源和電話號碼。
▶ 如果時間允許，可以帶孩子辨識他們生活中，有哪些負面的人和地點，可能會使原本就不好的心情變得更惡劣。
▶ 請引導孩子把第 4 步驟的陳述句，寫得盡量清楚具體且確實可行，就像在寫說明書給自己一樣。

回顧我的創傷事件

重新定義創傷事件，以轉換觀點

級別三
療癒心理創傷

你將需要用到：筆和紙
全程時間：20 到 30 分鐘
最合適的人數：1 到 4 人

活動帶領

1. 討論一下，重新定義我們看待創傷事件的方式，有可能成為復元歷程中很重要的一步。比方說，曾經遭遇嚴重意外事故的人，可能會變得更懂得欣賞生活中的小確幸。

2. 給孩子幾分鐘的時間，寫下自己因為創傷事件而學到的一些事情和對人生的領悟。

3. 讓孩子分享一下。

4. 請鼓勵孩子意識到，他們不但從創傷中熬了過來，還勇敢設法療癒自己，這樣讓他們變得更堅強了。

5. 給孩子一點時間，利用這句作為發想：「我因為所經歷過的事，而變得更堅強了」，書寫自己的感想。

6. 讓孩子分享任何他們願意分享的書寫內容。

討論問題

▶ 你覺得你的創傷經驗教導了你哪些重要的事呢？

▶ 重新定義你過去的經驗，如何有助於你展開療癒的歷程呢？

▶ 以後遇到低潮的日子時，回顧你在這場活動中所寫下的內容，能帶來什麼樣的助益？

達人訣竅

▶ 這個活動最適合一對一進行，和適合彼此間已經關係十分良好的成員。

▶ 書寫創傷經驗，有可能激起沉痛的情緒。孩子書寫完畢後，請務必要提供情緒上的支持，也可以進行本章先前描述過的一些站穩腳步小練習。

▶ 請恭喜孩子願意踏出第一步，展開療癒創傷的歷程。

康復的肖像

觀想自己順利從心理創傷康復

級別三
療癒心理創傷

你將需要用到：筆、紙、彩色鉛筆、彩色筆、舊雜誌、從網路上列印的圖片或任何其他手邊有的美術素材
全程時間：30 到 40 分鐘
最合適的人數：1 到 5 人

活動帶領

1. 請告訴孩子，他們這一路走來相當辛苦且並不容易，請予以肯定。
2. 討論一下，從今以後，他們想看到什麼樣的改變。他們想體驗哪些活動，想克服哪些情緒，想培養哪些新的個人習慣呢？
3. 讓孩子創作一幅想像自己康復後的肖像。這幅肖像具體或抽象都可以，可以用文字書寫，可以繪圖，也可以用雜誌圖片拼貼——只要是他們喜歡的方式都可以。就盡情發揮創意，想像康復的模樣吧。
4. 讓孩子展示介紹自己的作品，討論一下自己的康復目標。

討論問題

▶ 你最喜歡你作品的哪個部分？
▶ 你創作自己的肖像時，內心浮現出哪些想法或情緒呢？
▶ 如果想讓這幅肖像實現，有什麼是你今天起就能做的事情呢？

達人訣竅

▶ 請提供越多種不同的美術素材越好，以增加孩子的興趣。
▶ 假如孩子在創作肖像時遇到困難，請給予正面的回饋意見和構想。
▶ 請告訴孩子並讓孩子安心，完成這項活動的方式並沒有對錯之分。

第十章

哀悼

　　哀悼是我們在突然喪親或遭逢人生巨變時的自然反應。哀悼的傷痛感覺有可能令人感到難以負荷，尤其是不擅表達自己想法和情緒的青少年。

　　每個人的哀悼歷程都不同。專家指出，有一些里程碑是這個過程中有可能出現的，但哀悼並沒有明確詳細的時間表或進度。每個人經歷哀悼歷程的方式都不一樣。這一章的活動，在於給孩子機會表達自己的失落感，和學習如何繼續面對自己接下來的新生活。

　　這一章的活動一共分為三種級別：「認識哀悼」（級別一）、「管理哀悼」（級別二），和「走出哀悼的傷痛」（級別三）。級別一的活動能讓孩子有機會檢視自己的失落和它對自己的影響。級別二的活動提供一些具體的辦法協助孩子應對哀悼。最後，級別三的活動能讓孩子勇敢跨出第一步，走出哀悼的傷痛。

用我自己的字眼描述哀悼

找出自己對哀悼的定義

級別一
認識哀悼

你將需要用到：筆和紙
全程時間：15 到 20 分鐘
最合適的人數：1 到 6 人

活動帶領

1. 以接納的態度表明孩子正在經歷某種形式的哀悼。問問孩子對哀悼的歷程是否熟悉。

2. 請把哀悼定義為：往往隨著突如其來的重大損失，而出現的痛苦或悲傷。

3. 讓孩子根據自己的經驗，提出自己對哀悼的定義。

4. 簡單個別討論一下哀悼的七個階段：震驚或無法置信、否認、討價還價、內疚、憤怒、憂鬱和接受／希望。

5. 請孩子寫下這每一個階段對他的意義為何。

6. 請自願者分享自己的例子。

討論問題

▶ 關於哀悼，你從這場活動學到了什麼呢？

▶ 有沒有哪些哀悼的階段讓你覺得比較難寫？

▶ 認識哀悼和哀悼的歷程，如何有助於緩解你目前的感受呢？

達人訣竅

▶ 假如有孩子想不太出來哀悼的定義，可以讓他只要寫幾個字眼描述他目前的感受即可。

▶ 請提醒孩子，哀悼的歷程不見得是一直線，每個人經歷每個階段的方式都不一樣。

▶ 如果時間允許，可以讓孩子選出自己最喜歡的一個哀悼定義，並寫在白板上（如果你手邊有白板的話）。

哀悼的感覺是如何呢？

擴增情緒的字庫，
以描述和哀悼有關的種種感受

級別一
認識哀悼

你將需要用到：筆、一系列和哀悼有關的情緒
全程時間：15 到 20 分鐘
最合適的人數：1 到 5 人
事前準備：列出和哀悼有關的一系列情緒，並替每位參與者各
準備一份。

活動帶領

1. 請以接納的態度表明，和哀悼相關的情緒不容易處理，而且有時不容易解釋。

2. 討論一下，覺知種種不同的情緒，能協助孩子面對哀悼。

3. 請孩子描述一下，是否有某次他們難以表達自己對失落的感受。

4. 把所列出的情緒列表提供給孩子。

5. 一起檢視這個列表，並請孩子對其中的每一種情緒加以定義或舉例說明。

6. 接著給孩子幾分鐘的時間，圈選出所有他們在哀悼時經歷過的情緒。

7. 用一點時間分享和討論一番。

討論問題

▶ 哀悼最讓你聯想到哪些情緒呢？

▶ 這場活動是否幫助你表達出你目前的感受？是怎樣的幫助呢？

▶ 辨識自己的情緒，如何幫助你更認識自己的哀悼呢？

達人訣竅

▶ 情緒列表可輕易從網路上取得。

▶ 在你提供情緒列表之前，可以讓孩子先腦力激盪想一想哪些情緒和哀悼有關。

▶ 請向孩子說明並讓孩子放心，回答的內容沒有對錯之分，每個人經歷哀悼的方式都
不一樣。

倖存者的罪惡感

辨識並認識和
倖存者罪惡感有關的想法和感受

級別一
認識哀悼

你將需要用到：筆、紙、彩色鉛筆或彩色筆
全程時間：20 到 25 分鐘
最合適的人數：1 到 3 人

活動帶領

1. 請把倖存者的罪惡感定義為：當別人未能從一場創傷事件或重大事故中存活下來，而某人卻得以倖存，覺得這種情形不公平，因而感受到的強烈情緒或感受。
2. 討論一下，倖存者的罪惡感有哪些常見的症狀。
3. 請引導孩子畫一張圖，描述自己對抗倖存者罪惡感的模樣。告訴孩子，繪畫的方式可以隨意任選，不受限制。
4. 要孩子在圖畫的四周畫一些想法泡泡，然後在泡泡內寫上和自己倖存者罪惡感有關的想法。
5. 讓孩子分享一些想法並討論一番。

討論問題

▶   關於倖存者的罪惡感，你學到了什麼呢？
▶   你認為倖存者為什麼會在創傷事件後產生罪惡感呢？
▶   認識了倖存者的罪惡感，如何協助你在哀悼的歷程中向前邁進呢？

達人訣竅

▶   並不是每個正在經歷哀悼的人，都會心生倖存者的罪惡感。請確認這個活動確實適合你的成員。
▶   這個活動最適合一對一進行，或適合彼此都經歷過類似情境而人數不多的小型團體。
▶   可以鼓勵孩子分享，但至於是否真的要分享，請尊重孩子的決定。

大笑是可以的

用笑聲應對哀悼時難以處理的情緒

級別一
認識哀悼

你將需要用到：筆和紙、網路（如果有的話）
全程時間：25 到 35 分鐘
最合適的人數：3 到 6 人

活動帶領

1.　問問孩子，還在哀悼的時候，他們是否會因為大笑或覺得開心而感到罪惡。

2.　請向孩子說明，大笑是可以的，而且大笑對療癒的歷程是有助益的。

3.　請向孩子澄清，大笑並不代表不尊重，也不會矮化喪親所帶來的衝擊。它反而是一次擁抱當下的機會，並在仍然緬懷親人的狀態下繼續向前邁進。

4.　請孩子想出十件會逗他們發笑的事情，例如某則笑話、某支網路影片，或某段回憶。

5.　讓孩子討論一下各自的回答內容，並分享會逗他們發笑的事情。

6.　為了鼓勵成員多多大笑，可以的話，請盡量播放一些好笑的影片。

7.　討論一下為什麼大笑在艱難的時刻很重要。

討論問題

▶　請說說其他人提到最好笑的一件事情。

▶　今天這樣大笑有什麼感覺？

▶　用一點時間大笑，為什麼對哀悼的歷程有幫助呢？

達人訣竅

▶　在合適的時機，可以請孩子說幾則讓他們覺得好笑的已故親人趣事。

▶　討論的時候可以天南地北隨意聊，因為孩子可能會想到其他讓他們覺得好笑的事情。

▶　在這個活動中善用媒體，是逗孩子一同大笑的絕佳方法。

事發的之前和之後

辨識失去至親之前和之後的感受

級別一
認識哀悼

你將需要用到：筆和紙、白板和白板筆
全程時間：20 到 25 分鐘
最合適的人數：1 到 4 人

活動帶領

1. 討論一下，如親人過世這種創傷事件，如何可能改變一個人的思維和看待世界的方式。
2. 引導孩子在一張紙的正中央畫一條線。
3. 要孩子在紙面的左側，寫下親人過世前，自己印象中關於這位親人的感受和想法。請提供幾分鐘的時間讓孩子靜靜思考。
4. 要孩子在紙面的右側，寫下親人過世後，自己所經驗到關於這位親人的感受和想法。請提供幾分鐘的時間讓孩子靜靜思考。
5. 讓孩子分享（如果孩子願意的話）並討論一下，這場創傷事件如何改變了他們的思維——例如對未來缺乏安全感或害怕再度經歷類似的事件。

討論問題

▶ 親人過世後，你思維上最大的變化是什麼？
▶ 你希望自己能找回哪些想法和感受？為什麼呢？
▶ 認識你自己在親人過世後的想法和感受，對哀悼的歷程能帶來什麼樣的助益呢？

達人訣竅

▶ 這個活動最適合一對一進行，或適合彼此都經歷過類似情境而人數不多的小型團體。
▶ 請認可各種想法，別試圖改變這些想法。這個活動的重點在於探索。
▶ 這個活動有可能激起很強烈的情緒；請務必確認你已具備相關訓練以充分支持哀悼中的人。

以創意的方式哀悼

透過創意把注意力放在
正面的想法和情緒上

級別二
管理哀悼

你將需要用到：紙、筆、彩色筆、顏料、彩色鉛筆、剪刀、膠水、舊雜誌

全程時間：20 到 30 分鐘

最合適的人數：1 到 6 人

活動帶領

1. 討論一下，從事休閒活動，有助於把注意力從和哀悼有關的強烈負面情緒移開。

2. 提供現有的美術用品。給孩子時間進行美術創作。不見得需要訂定明確主題──只要讓孩子盡情投入這個活動即可。

3. 讓孩子分享自己的作品並討論一下自己的創作。

4. 討論一下孩子在創作過程中內心所浮現的感受或想法。

討論問題

▶ 創作的時候，你是否遇到任何負面的感受？繼續專注在創作上，如何幫助你重新凝聚注意力呢？

▶ 這場活動中，你最喜歡哪個部分？

▶ 找出能引起你共鳴的活動，如何在艱難的時刻幫助你轉移注意力呢？

達人訣竅

▶ 請向孩子介紹流動（flow）的概念，也就是某個活動太吸引人了，以至於在投入的過程中都讓人忘記了時間和自我。討論一下，讓人進入流動狀態的活動，可有助於轉換心情。

▶ 請鼓勵孩子天馬行空盡情創作，不要抱持任何預設立場。孩子的作品並不一定要和哀悼有關。

▶ 請提供盡可能多元的美術素材，好讓孩子從中找出一種和自己最有共鳴的媒介。

在喪親後持續保持健康

利用適度的運動，在哀悼的同時，提振自身的心情和保持健康

你將需要用到：開闊的場地、音樂播放器、白板和白板筆

全程時間：15 到 25 分鐘

最合適的人數：3 到 8 人

級別二
管理哀悼

活動帶領

1. 討論一下，和哀悼相關的情緒，有可能令人感到注意力不集中、提不起勁和憂鬱。

2. 請向孩子介紹，人相當適合透過體能運動重拾活力和注意力，藉此讓自己整體感覺更好。

3. 帶領成員一起腦力激盪想一想彼此最喜歡哪些運動方式，然後集結編成一個簡短的運動操。把這些運動方式寫在白板上。

4. 必要時，可以另外再補充一些簡單的運動方式。

5. 讓孩子用這些運動方式編出一個 8 到 10 分鐘的運動操。

6. 放一點音樂，帶孩子一起做這個運動操。

7. 討論一下運動如何有助於改變孩子的心情和思維。

討論問題

▶ 做完這個運動操後，你感覺如何？

▶ 你一星期會從事幾種體育活動呢？

▶ 把運動納入每天的固定作息，如何提振你的心情和提升你處理負面情緒的能力呢？

達人訣竅

▶ 請確定這個運動操是每一名成員皆能夠從事的。

▶ 可以的話，事前就先請孩子穿著舒適的衣服來參加這場活動。

▶ 孩子越協力合作編排這個運動操，編排完成的機會就越高。

自我照顧的時間表

探索管理哀悼的
一些不同自我照顧方式

級別二
管理哀悼

你將需要用到：白板和白板筆、筆、紙
全程時間：20 到 30 分鐘
最合適的人數：1 到 6 人

活動帶領

1. 請孩子把自我照顧定義為人刻意用來照顧自己心理、情緒和生理健康的活動。請舉例說明。
2. 討論一下，自我照顧在走出低潮中扮演了非常重要的角色。
3. 把以下類別寫在白板上：體能活動、舒緩和放鬆的活動、休息、創意式的自我表達、健康的飲食，和正念／靜思。
4. 要孩子腦力激盪，替每個類別各想出一些自我照顧的活動。
5. 讓孩子在一張紙上，排出一個自我照顧的週計畫表，每天都排定明確的時程從事特定活動。請鼓勵孩子每天至少撥 15 分鐘練習自我照顧。
6. 分享並討論孩子的時間表。

討論問題

▶ 你最喜歡的自我照顧活動有哪些呢？
▶ 你今天發現了哪些新的自我照顧活動呢？
▶ 在一些特定的日子和時段排定自我照顧活動，如何幫助你更順利照表操課呢？

達人訣竅

▶ 可以考慮提供一些自我照顧的例子，再由孩子判斷該歸入哪個類別。
▶ 假如孩子想不太出來有哪些自我照顧的活動，可以直接列出一些活動供孩子參考。
▶ 要孩子在時間表上，寫下在排定的自我照顧時段之前和之後，他們通常都在做些什麼事。

你不孤單

檢視能在哀悼歷程中帶來協助的人

級別二
管理哀悼

你將需要用到：筆和紙
全程時間：20 到 25 分鐘
最合適的人數：2 到 6 人

活動帶領

1. 討論一下在哀悼的歷程中取得別人支持的重要性。
2. 請孩子舉例說說自己的支持網絡中包含了哪些人。問問孩子為什麼會選擇這些人。
3. 要孩子在一張紙上，寫下至少五名他們可以尋求協助的對象。
4. 請孩子在每個對象的旁邊，寫下自己能夠獲得什麼樣的支持。例如：「我心情低落時，我姊姊總是會撥出時間傾聽我說心事。」
5. 接著請孩子寫下每一位對象通常有空的日子和時段。
6. 讓孩子討論一下彼此的時間表。
7. 告訴孩子，在管理哀悼遇到困難時，可以善用自己所列出的內容，作為協助資源。

討論問題

▶ 你之所以選擇這些人作為求助對象，主要的原因有哪些呢？
▶ 遇到有需要的時候，你向這些人求助的可能性有多高？
▶ 是否有哪些日子或時段，你無法取得任何支持？如何填補這些空檔呢？

達人訣竅

▶ 必要時，可以提供一張資源列表，讓孩子在朋友和家人無法提供協助時，能夠有求助的對象。
▶ 關於支持網絡，請多提供一些構想給孩子，可以討論一下別人用哪些不同方式協助哀悼的歷程。
▶ 如果時間允許，可以讓孩子排一張週計畫表，並特別標示出他們能取得支持的時段。

哀悼需要時間

在哀悼的歷程中辨識挑戰和歡慶成功

級別二
管理哀悼

你將需要用到：筆和紙
全程時間：20 到 25 分鐘
最合適的人數：1 到 6 人

活動帶領

1. 請向成員說明，哀悼需要時間。每個人經歷哀悼的方式都不同，而且並沒有明確的進度時程。
2. 讓孩子討論一下自己對哀悼歷程的想法。
3. 要每個孩子把一張紙分成兩部分，一側標上向前邁進，另一側標上我的挑戰。
4. 在向前邁進的這一側，請孩子寫上自己從喪親以來，已經達成的進步。
5. 在我的挑戰的這一側，請孩子寫上自己從喪親以來，所經歷到的挑戰。
6. 讓孩子分享一下自己的進步和挑戰。
7. 鼓勵孩子歡慶自己從喪親以來的進步，並利用這些進步作為將來協助自己克服挑戰的動力。

討論問題

▶ 在哀悼的歷程中，你到目前為止最大的進步是什麼呢？

▶ 你最怕面對什麼挑戰？為什麼呢？

▶ 持續累積成功，如何有助於你減輕哀悼過程中的負擔呢？

達人訣竅

▶ 請提醒孩子，沒有所謂太小的成功。所踏出的每一小步，都能讓孩子在療癒的歷程中向前邁進。

▶ 必要時，可以說些話語引導孩子書寫，尤其是在向前邁進的類別。例如：「自從喪親以來，你做了哪些調適呢？」

▶ 如果時間允許，可以讓孩子腦力激盪想一想用哪些方式克服自己的挑戰。

我的哀悼札記

了解書寫札記對哀悼歷程的助益

你將需要用到：小筆記本、筆、白板和白板筆
全程時間：25 到 30 分鐘
最合適的人數：1 到 4 人

級別三
走出哀悼的傷痛

活動帶領

1. 問問孩子他們最喜歡的情緒表達方式有哪些，負面和正面的方式都說一說。

2. 請介紹書寫札記為一種走出喪親傷痛的好方法。

3. 發給每個孩子一本小筆記本作為書寫的札記。

4. 一起腦力激盪想出一些適合作為切入點的書寫主題，例如「我的每日進展」和「如何讓美好的回憶長存」。把這些主題寫在白板上。

5. 請向孩子說明，書寫札記是一種很個人的過程——可以藉這個機會寫出任何自己需要傾吐的想法或感受。札記的內容不見得一定要和誰分享。

6. 孩子初次書寫札記時，請給他們 10 到 15 分鐘的時間。孩子可以從白板上挑選一個主題，也可以另外任選自己喜歡的主題。

7. 讓孩子談談，透過書寫傾吐自己的想法和情緒，有什麼感覺。

討論問題

▶ 把自己的一些想法和感受在紙上寫下來，有什麼感覺呢？

▶ 你還想寫一寫哪些其他札記主題呢？

▶ 將來你打算如何運用這本札記呢？

達人訣竅

▶ 在展開這次活動以前，可以考慮先用幾分鐘時間討論一下書寫札記的好處。

▶ 請提醒孩子，書寫札記的方式沒有對錯之分。

▶ 請接納各種不同的札記書寫方式，例如塗鴉、條列項目，或寫詩。

回憶盒

製作一個回憶盒緬懷已故的親人

級別三
走出哀悼的傷痛

你將需要用到：舊鞋盒或尺寸類似的盒子、任何手邊有的美術用品、關於走出喪親傷痛的金玉良言
全程時間：25 到 35 分鐘
最合適的人數：1 到 5 人

活動帶領

1. 請談一談緬懷已故親人的重要性，並腦力激盪想一想孩子可以用哪些方式緬懷。

2. 請向孩子介紹回憶盒的概念：孩子可以把已故親人的紀念物，收藏在這個用心裝飾點綴過的盒子裡。裡面可以放照片、信件、小禮物或遺物、一些金玉良言，或任何能喚起回憶的東西。

3. 給孩子 10 到 15 分鐘裝飾點綴自己的回憶盒，裝飾方式不拘。

4. 接著讓孩子展示自己的回憶盒，並討論一下自己所選擇的裝飾品。

5. 問問孩子特別想放哪些物品到這個回憶盒裡。

討論問題

▶ 你為什麼會選擇以這種方式裝飾回憶盒呢？

▶ 請說出三件你打算放入回憶盒裡的東西。

▶ 珍藏一個回憶盒，如何緬懷你的親人和協助你管理哀悼的傷痛呢？

達人訣竅

▶ 鞋盒或稍微大一點的盒子，通常最好用。

▶ 請盡量多提供一些不同的美術用品，讓孩子在創作時能多一些選項。

▶ 這個活動最適合的孩子，是參與過先前的一些活動、接受過一些輔導的心理諮商，而在療癒哀悼上已經有過一些初步經驗的孩子。

和同儕談談

衡量和同儕談論喪親傷痛的利與弊

級別三
走出哀悼的傷痛

你將需要用到：白板和白板筆

全程時間：20 到 30 分鐘

最合適的人數：2 到 6 人

事前準備：列出附近本地資源和可供孩子談論哀悼心事之同儕團體的列表，並替每一個參與者都準備一份。

活動帶領

1. 請向孩子說明，哀悼的歷程往往會需要向別人尋求支持和協助。請孩子說說，有哪些人是他們覺得自己能夠自在談論哀悼心事的對象。

2. 討論一下，如果和同儕談論自己的哀悼心事，可能會是什麼情形。

3. 請以接納的態度表明，同儕也許很願意提供支持，不過有些人可能沒有這類的喪親經驗。

4. 要孩子腦力激盪想一想和同儕談論自己哀悼心事的利處與弊處。把孩子的想法寫在白板上。

5. 討論一下，向專業人士尋求協助，同時也尋求同儕的支持，可能是走出喪親傷痛的最佳辦法。

6. 請提供附近本地資源和同儕團體的列表。

討論問題

▶ 在你的哀悼歷程中，同儕給了你什麼樣的支持呢？

▶ 請描述是否有某次，你覺得自己所需要的不只是同儕的支持。

▶ 找可信賴的同儕和專業人士都談一談，如何幫助你走出哀悼的傷痛呢？

達人訣竅

▶ 如果時間允許，可以讓孩子角色扮演，演出提供良好支持的同儕，和演出可能反而使當事人感覺更糟的做法。

▶ 鼓勵孩子列出三位他們覺得最能提供支持的朋友。

寫一封信

向哀悼的傷痛根源表達內心感受

級別三
走出哀悼的傷痛

你將需要用到：筆、紙、信封
全程時間：20 到 30 分鐘
最合適的人數：1 到 4 人

活動帶領

1. 討論一下，親人過世往往會引起強烈且難以表達的情緒。

2. 讓孩子談談他們所曾經遇到的一些艱難時刻。

3. 請孩子寫一封信，試著把自己最困難的情緒用文字表達出來。這封信的對象可以是這位過世的親人、上帝、某種高深力量，或甚至是孩子自己。

4. 給孩子 10 到 15 分鐘寫這封信。請向孩子說明並讓孩子放心，他們真的願意分享的時候才分享。

5. 孩子寫完後，問問他們是否願意分享信中的任何部分。請提醒孩子，不想分享也是完全可以的。

6. 要孩子把信裝進信封並封起來。告訴孩子，他們想把這封信存放在哪裡都可以。

7. 討論一下孩子寫下自己的感受時有什麼感覺。

討論問題

▶ 寫這封信的時候，你經歷到什麼樣的情緒呢？

▶ 寫這封信讓你感覺更好還是更糟？怎麼說？

▶ 書寫如何協助你走出喪親的低潮呢？

達人訣竅

▶ 書寫這封信，有可能令人情緒很激動。必要時請提供支持。

▶ 請告訴孩子並讓孩子安心：他們所寫的任何內容，或書寫時的任何感受，在這當下都是完全可以的。這是他們宣洩所累積情緒的機會。

▶ 可以在這場活動的尾聲進行簡短的觀想，帶孩子想像自己把這封信親手交給心目中的寫信對象。請建議孩子，可以趁這個機會放下自己所寫到的那些難以處理的情緒。

放手

放下令人停滯不前的
哀悼相關想法和感受

級別三
走出哀悼的傷痛

你將需要用到：不需要任何用品
全程時間：20 到 25 分鐘
最合適的人數：1 到 4 人

活動帶領

1. 討論一下，親人過世有可能令人難以放下某些想法和情緒。
2. 請向孩子說明，「放手」不代表忘掉這些親人或貶低他們在你生命中的地位。這只是哀悼歷程中的一個過程而已。
3. 讓孩子以舒適的姿勢坐下來，然後引導孩子進行以下的觀想：
   - 請想像你手中握有一個大氣球。
   - 現在想像你在氣球內裝入種種想放下的感受、情緒、懊悔或不好的回憶。
   - 看著這個氣球慢慢越來越膨脹。
   - 仔細凝視著氣球，然後對它說：「我現在已經準備好要放手了。」
   - 想像自己放開氣球。望著它緩緩飄向天際，最後消失不見。
   - 告訴你自己：「我現在放下了。」請感覺到自己變得更輕盈了、比較沒有負擔了，而且更有能力面對生活了。
   - 每當你再因為這些感受而感到困擾時，請用一點時間想一想這個在天際消失不見的氣球。告訴你自己：「我已經放下了。」
   - 做幾次深呼吸，然後感覺自己緩緩回到所在的場地來。
4. 給孩子一個機會，討論一下他們在這場活動中的感受。

討論問題

▶ 在觀想的過程中以及之後，你感覺如何？

▶ 你認為，放下你所放入氣球內的那些想法和情緒，是可以的嗎？為什麼可以，或為什麼不行呢？

▶ 象徵性地放手，為什麼可作為釋放痛苦想法和情緒的第一步呢？

達人訣竅

▶ 這個活動最適合已經參與過先前哀悼管理活動的孩子。

▶ 對種種情緒感到難以負荷時，孩子可以利用氣球在天際消失的意象，幫助自己轉移注意力。

▶ 也可以用其他方式替代氣球的比喻，例如把想法綁在一顆沉重的石頭上，然後把石頭丟進大海裡。

Creative 168

陪你度過情緒低谷：用150個活動增進青少年的自信心、溝通力和人際關係

作者｜凱文・谷澤斯基

譯者｜梁若瑜

出版者｜大田出版有限公司

台北市一〇四四五 中山北路二段二十六巷二號二樓

E-mail｜titan@morningstar.com.tw　http://www.titan3.com.tw

編輯部專線｜(02) 2562-1383　傳真：(02) 2581-8761

總編輯｜莊培園

副總編輯｜蔡鳳儀

行銷編輯｜陳映璇

行政編輯｜林珈羽

校對｜黃薇霓／黃素芬

初刷｜二〇二一年十一月一日　定價：三九九元

網路書店｜http://www.morningstar.com.tw（晨星網路書店）

購書E-mail｜service@morningstar.com.tw

TEL：04-2359-5819　FAX：04-2359-5493

郵政劃撥｜15060393（知己圖書股份有限公司）

印刷｜上好印刷股份有限公司

國際書碼｜978-986-179-681-9　CIP：178.8/110012154

填回函雙重禮
① 立即送購書優惠券
② 抽獎小禮物

國家圖書館出版品預行編目資料

陪你度過情緒低谷／凱文・谷澤斯基著；
梁若瑜譯．
——初版——臺北市：大田，2021.11
面；公分 ．——（Creative；168）
ISBN 978-986-179-681-9（平裝）

178.8　　　　　　　110012154